Thijs Booij jr.

Verlangen naar waarheid

Twee andere verhalen

novum pro

© 2023 novum publishing

ISBN 978-3-99131-196-6
Geredigeerd door: I. van Gerwe
Omslagfotos: Ikonstudio,
Dreamer82 | Dreamstime.com
Ontwerp omslag, lay-out & typografie:
novum publishing

www.novumpublishing.nl

Woord vooraf

De teksten, hier gebundeld, vertellen beide een verhaal dat een gangbaar verhaal weerspreekt; die tegenspraak verbindt ze. In beide zijn ruimte en tijd ook fundamentele noties. Maar inhoudelijk zijn de teksten volkomen verschillend. Elk van beide vormt een zelfstandig betoog.

De eerste tekst betreft de waarheid inzake de relativiteitstheorie. Ik kwam met deze theorie voor het eerst in aanraking toen ik, lang geleden, las over het betrekkelijke van gelijktijdigheid. Het idee intrigeerde mij. Maar toen ik, veel later, mij in de theorie – allereerst de speciale relativiteitstheorie – verdiepte, merkte ik al gauw dat ik het geloof erin verloor. Verlangend te weten waarom Einsteins voorstelling van zaken naar mijn gevoel niet juist kon zijn, zocht ik argumenten en vond ze. Vervolgens bestudeerde ik de cruciale beginparagrafen van het artikel waarin de theorie wordt gepresenteerd. Einsteins betoog bleek hier tegenstrijdigheden te bevatten.

De tweede tekst betreft de waarheid inzake ons bestaan. Natuurwetenschappers stellen het bestaan nogal eens gelijk met datgene wat natuurwetenschappelijk kan worden onderzocht, de natuurlijke werkelijkheid. Deze opvatting, breed aanvaard, leidt er vaak toe dat het bestaan wordt gezien als in wezen doelloos en zonder zin – een ook onder filosofen wel verdedigde zienswijze. De vereenzelviging van het bestaan met de natuurlijke werkelijkheid is echter aanvechtbaar. Want dat er een natuurlijke werkelijkheid is, spreekt niet vanzelf. Wie niet weet duidelijk te maken hoe zij er zijn kan, verklaart het bestaan te vroeg voor zinloos.

De waarheid inzake ons bestaan ligt ten diepste, zo geloof ik, buiten ons bereik. Maar het verlangen die waarheid meer nabij te komen, is niet ongepast. Dit verlangen te volgen was voor mij een vreugde.

DE RELATIVITEITSTHEORIE

1. Inleiding

Vroeg in de 20e eeuw ontwierp Albert Einstein, zich aansluitend bij bestaande ideeën, zijn relativiteitstheorie.[1] Met het artikel 'Zur Elektrodynamik bewegter Körper' introduceerde hij in 1905 de speciale relativiteitstheorie.[2] In 1916 presenteerde hij van zijn algemene theorie een definitieve versie in 'Die Grundlage der allgemeinen Relativitätstheorie'.[3]

De speciale theorie heeft betrekking op elektrische en magnetische verschijnselen en gaat uit van twee postulaten. Het eerste daarvan betreft de situatie in 'inerte' referentiekaders, kaders die zich met steeds dezelfde snelheid in steeds dezelfde richting, ofwel uniform – eenparig – bewegen. Volgens dit postulaat zijn in alle inerte referentiekaders de natuurkundige wetten dezelfde. In feite was dat al in de zeventiende eeuw gesteld door Galilei. Die betoogde namelijk dat iemand in een afgesloten ruimte van een gelijkmatig voortbewegend schip alles precies zo zou zien bewegen als het geval zou zijn wanneer het schip stillag. Ofwel: in een inert referentiekader gelden de wetten van de mechanica precies zo als in een situatie die ten opzichte van dit kader in rust is. Einsteins theorie wil het inzicht van Galilei uitbreiden

---

1 Herbert Dingle (1890-1978) bestreed al in de jaren vijftig tot zeventig van de vorige eeuw de relativiteitstheorie in diverse publicaties. Zijn argumentatie verschilt aanzienlijk van de mijne.

2 *Annalen der Physik* 17 (1905), p. 891-921. Men vindt het artikel ook in: Albert Einstein, *The Collected Papers*, vol. 2, Princeton 1989. Het is bovendien onder auteursnaam en titel vindbaar op internet.

3 *Annalen der Physik* 49 (1916), p. 769-822.

tot de natuurkundige wetten in het algemeen, dus inclusief de elektromagnetische. Het tweede postulaat stelt dat de snelheid van het licht in vacuüm onafhankelijk is van de beweging van de lichtbron. De beweging van de bron voegt aan de lichtsnelheid niets toe en doet er niets aan af. Uit deze postulaten zijn in de speciale relativiteitstheorie de volgende ideeën afgeleid:

- Gelijktijdigheid is relatief. Zijn twee waarnemers in verschillende staat van beweging, dan kan het voorkomen dat de ene waarnemer bepaalde gebeurtenissen ziet als gelijktijdig, terwijl de andere ze ziet als ongelijktijdig.
- De lichtsnelheid is absoluut of, zoals natuurkundigen het liever zeggen, invariant. Ten opzichte van waarnemers die zich uniform voortbewegen, heeft het licht altijd dezelfde snelheid; bij meting ervan zullen zij altijd dezelfde waarde vinden, ongeacht de snelheid waarmee en de richting waarin zijzelf zich bewegen.
- De lichtsnelheid is de hoogst mogelijke snelheid. Als iemand zich voortbeweegt met een snelheid die steeds dichter komt bij die van het licht, wordt zijn ruimte steeds meer ingekort en zijn tijd steeds meer vertraagd. Bij lagere snelheden, zelfs bij snelheden als die van hemellichamen binnen ons sterrenstelsel, zijn deze effecten verwaarloosbaar.
- Bewegen twee waarnemers zich met verschillende, zeer hoge snelheden uniform ten opzichte van elkaar, dan zal de ruimte van de ander voor elk van beiden in dezelfde mate worden ingekort en diens tijd in dezelfde mate vertraagd.
- Een object dat zich voortbeweegt met een snelheid die steeds meer nadert tot de snelheid van het licht, neemt toe in massa.
- Ruimte en tijd vormen samen een continuüm, 'ruimtetijd'; daarin is een tijdruimtelijke afstand, 'interval' geheten, invariant.

De visie die Einstein ontwikkelde op ruimte en tijd, had consequenties buiten het gebied van elektriciteit en magnetisme. De algemene relativiteitstheorie behandelt, uitgaande van de speciale theorie, de zwaartekracht. Zij wordt in deze theorie verklaard als het plaatselijke gevolg van krommingen in ruimte en tijd, veroorzaakt door massa of geconcentreerde energie. De algemene relativiteitstheorie heeft zeer precieze voorspellingen mogelijk gemaakt. Niettemin staat of valt zij met de juistheid of onjuistheid van de speciale relativiteitstheorie. In dit verband is het misschien goed te weten dat Einstein aan zijn algemene theorie veel moeite en tijd heeft moeten besteden.

Einsteins relativiteitstheorie is buitengewoon ingenieus van opzet. Zij heeft ook zeer veel gezag gekregen en is een essentieel bestanddeel van het natuurkundig denken. Aan haar ontleende gedachten over reizen naar toekomst of verleden prikkelen de fantasie van de leek. Vele malen is de theorie ook beschreven. Willen we er ons een oordeel over vormen, dan kunnen we ons het best wenden tot Einsteins eerste publicatie erover: 'Zur Elektrodynamik bewegter Körper'. Dat artikel valt, na een korte inleiding, uiteen in twee delen: een kinematisch en een elektrodynamisch deel. Fundamenteel zijn de beginparagrafen van het eerste deel. Ik vat de inhoud ervan samen.[4]

---

4 In deze samenvatting zijn twee eenvoudige wiskundige formules weergegeven in woorden.

2. Gelijktijdigheid

De eerste paragraaf, *Definition der Gleichzeitigkeit*, introduceert een coördinatensysteem.[5] Om het te onderscheiden van coördinatensystemen die later ter sprake zullen komen, wordt dit stelsel het 'systeem-in-rust' genoemd.[6] Einstein vermeldt vervolgens hoe met behulp van dit systeem de positie en de beweging van een punt kunnen worden vastgesteld. In beweging is de tijd een factor. Een wiskundige beschrijving van beweging heeft natuurkundig pas betekenis, aldus de auteur, wanneer het helder is wat daarin onder 'tijd' wordt verstaan. Elk oordeel over tijd is een oordeel over gelijktijdige gebeurtenissen. Zeg ik bijvoorbeeld dat een trein om 7.00 uur aankomt, dan betekent dit dat de stand 7 van de kleine wijzer van mijn horloge en de aankomst van de trein gelijktijdige gebeurtenissen zijn. Hoe kunnen nu gebeurtenissen die zich op verschillende plaatsen voordoen, in tijdelijk opzicht met elkaar in verband worden gebracht? Dat kan als volgt. Van gebeurtenissen die plaatsvinden in de directe omgeving van een punt A, kan een waarnemer in A de tijd bepalen door vast te stellen welke klokwijzerstanden met deze gebeurtenissen gelijktijdig zijn. Bevindt zich in punt B een waarnemer met een klok die met de in A gebruikte exact overeenkomt, dan kan die waarnemer met betrekking tot gebeurtenissen in de directe

---

5 Stelsel van lijnen, vanaf twee loodrecht op elkaar staande assen gelijkmatig uitgezet, dat dient om ruimtelijke posities vast te stellen. De horizontale as noemt men x-as, de verticale y-as, het punt waarin zij elkaar snijden, de oorsprong.

6 Es liege ein Koordinatensystem vor, in welchem die Newtonschen mechanischen Gleichungen gelten. Wir nennen dies Koordinatensystem zur sprachlichen Unterscheidung von später einzuführenden Koordinatensystemen und zur Präzisierung der Vorstellung das "ruhende System". ('Zur Elektrodynamik', p. 892)

omgeving van punt B hetzelfde doen. Het is nu echter niet zonder meer mogelijk een gebeurtenis in A met een gebeurtenis in B in tijdelijk opzicht te vergelijken. We hebben namelijk een A-tijd en een B-tijd gedefinieerd, maar nog geen tijd die A en B gemeenschappelijk hebben. Die gemeenschappelijke tijd kan men definiëren door bij definitie vast te stellen dat de tijd waarin het licht van A naar B gaat, gelijk is aan de tijd die het nodig heeft om van B naar A te gaan. Stel, een lichtstraal wordt vanaf punt A uitgezonden naar punt B en dan teruggekaatst naar punt A. De beide klokken lopen volgens de definitie gelijk als de gang van A naar B evenveel tijd kost als die van B naar A. Dit synchronisme is vervolgens van toepassing op elk willekeurig punt; want als de klok in A zowel met de klok in B als met een klok in C gelijkloopt, lopen ook de klokken in B en C met elkaar gelijk. De auteur besluit zijn betoog als volgt: "We hebben zo met behulp van bepaalde (gedachte) fysieke ervaringen vastgesteld wat te verstaan valt onder gelijklopende klokken die zich in rusttoestand op verschillende plaatsen bevinden; en dit heeft ons duidelijk een definitie van 'gelijktijdig' en 'tijd' opgeleverd. De 'tijd' van een gebeurtenis is de tijdaanwijzing, met die gebeurtenis gelijktijdig, op een klok die in rust is op de plaats van de gebeurtenis en met een bepaalde klok in rusttoestand – en wel, met die klok, in alle tijdsbepalingen – gelijkloopt."[7]

Overeenkomstig de ervaring wordt nog vastgesteld dat tweemaal de afstand tussen A en B gedeeld door de tijd waarin die afstand heen en terug wordt afgelegd, een universele constante

---

7 Wir haben so unter Zuhilfenahme gewisser (gedachter) physikalischer Erfahrungen festgelegt, was unter synchron laufenden, an verschiedenen Orten befindlichen, ruhenden Uhren zu verstehen ist und damit offenbar eine Definition von "gleichzeitig" und "Zeit" gewonnen. Die "Zeit" eines Ereignisses ist die mit dem Ereignis gleichzeitige Angabe einer am Orte des Ereignisses befindlichen, ruhenden Uhr, welche mit einer bestimmten, ruhenden Uhr, und zwar für alle Zeitbestimmungen mit der nämlichen Uhr, synchron läuft. ('Zur Elektrodynamik', p. 894)

is, namelijk de lichtsnelheid in vacuüm. De paragraaf eindigt met
een precisering: de tijd is gedefinieerd door middel van klokken
die in rust zijn in het systeem-in-rust en kan dus 'de tijd van het
systeem-in-rust' worden genoemd.

3. Definitie

Laten we de eerste paragraaf nader bekijken. Het doel ervan is volgens het opschrift gelijktijdigheid te definiëren, dat wil zeggen de gelijktijdigheid van gebeurtenissen die zich voordoen op verschillende plaatsen. Hoe de auteur tot zijn definitie komt en hoe die definitie dan luidt, is misschien niet helemaal duidelijk geworden. Ik denk dat we Einsteins uiteenzetting als volgt moeten lezen.

Vindt in de directe omgeving van elk van de punten A en B een gebeurtenis plaats, dan kunnen waarnemers bij die punten met klokken die onderling volstrekt gelijklopen, de tijd van elk van de beide gebeurtenissen bepalen door vast te stellen welke klokwijzerstanden bij de gebeurtenissen horen. Om nu echter de gebeurtenissen in tijdelijk opzicht met elkaar te kunnen vergelijken en de eventuele gelijktijdigheid ervan te kunnen vaststellen, moet duidelijk zijn dat de tijd waarin ze plaatsvinden, gemeenschappelijke tijd is. Want alleen als A en B verbonden zijn in een gemeenschappelijke tijd, is de tijd waarin het licht van A naar B gaat, gelijk aan de tijd die het nodig heeft om van B naar A te gaan. En die gemeenschappelijke tijd is er ook. Want omdat, naar de ervaring leert, de lichtsnelheid in de lege ruimte constant is, zal de benodigde tijd in beide richtingen inderdaad dezelfde zijn.[8] Dus zijn gebeurtenissen gelijktijdig wanneer de tijd van een gebeurtenis in A, als aangegeven door een klok die zich

---

8 Wir setzen noch der Erfahrung gemäß fest [...] ('Zur Elektrodynamik', p. 894). Dit is in Einsteins argumentatie een merkwaardig element. Wat voor ervaring bedoelt Einstein? Hoe kon hij zo zeker zijn? Metingen van de lichtsnelheid hadden, toen hij de opmerking maakte, nog geen identieke waarden opgeleverd. Overigens, al is in Einsteins theorie de onveranderlijkheid van de lichtsnelheid essentieel, voor de beoordeling van de theorie is ze van ondergeschikt belang.

in rusttoestand bevindt in A, overeenstemt met de tijd van een gebeurtenis in B, als aangegeven door een klok die zich in rusttoestand bevindt in B en met de klok in A volstrekt gelijkloopt.

Zo bevat Einsteins uiteenzetting inderdaad, zij het wat verscholen, een definitie van gelijktijdigheid. Maar belangrijk lijkt mij in dit betoog vooral de notie 'gemeenschappelijke tijd'. De meeste mensen nemen – of namen – als vanzelfsprekend aan dat de tijd overal en voor iedereen gelijk is, van niets afhankelijk, absoluut. Door te spreken van een 'gemeenschappelijke tijd' suggereert Einstein dat het niet altijd zo hoeft te zijn. De tijdsaanduidingen van klokken in A en B zouden misschien, in een andere situatie dan de beschrevene, betrekking kunnen hebben op 'tijden' (tijdsverlopen) die onderling verschillen.

4. Relativiteit

De tweede paragraaf, *Über die Relativität von Längen und Zeiten*, geeft eerst definities van de twee postulaten die ik heb vermeld in de Inleiding (§ 1).[9] Dan volgt, gegrond op deze postulaten, een gedachtenexperiment. Einstein introduceert een harde, onbuigzame staaf die in rust is en, gemeten met een maatstok in rust, de lengte l blijkt te hebben. De as van deze staaf wordt gelegd in de X-as van het coördinatensysteem-in-rust; vervolgens wordt de staaf, richting stijgende waarden, uniform langs deze X-as bewogen (snelheid v).[10] Nu wordt in twee operaties de lengte van de *bewogen* staaf gemeten. Eerste operatie: een waarnemer beweegt, voorzien van de genoemde maatstok, met de staaf mee en meet al gaande de lengte ervan, precies zo als hij het zou doen wanneer staaf, waarnemer en maatstok zich in rust zouden bevinden. Tweede operatie: aan de hand van gelijklopende klokken in rust, opgesteld in het systeem-in-rust, stelt de waarnemer vast, op welke punten van dit systeem de beide uiteinden van de staaf zich

---

9 Einstein formuleert ze als volgt: 1. Die Gesetze, nach denen sich die Zustände der physikalischen Systeme ändern, sind unabhängig davon, auf welches von zwei relativ zu einander in gleichförmiger Translationsbewegung befindlichen Koordinatensystemen diese Zustandsänderungen bezogen werden. 2. Jeder Lichtstrahl bewegt sich im "ruhenden" Koordinatensystem mit der bestimmten Geschwindigkeit V, unabhängig davon, ob dieser Lichtstrahl von einem ruhenden oder bewegten Körper emittiert ist. ('Zur Elektrodynamik', p. 895) Sinds Einsteins tijd is de terminologie veranderd.

10 Es sei ein ruhender starrer Stab gegeben; derselbe besitze, mit einem ebenfalls ruhenden Maßstabe gemessen, die Länge l. Wir denken uns nun die Stabachse in die X-Achse des ruhenden Koordinatensystems gelegt und dem Stabe hierauf eine gleichförmige Paralleltranslationsbewegung (Geschwindigkeit v) längs der X-Achse im Sinne der wachsenden x erteilt. ('Zur Elektrodynamik', p. 895)

bevinden op een tijd t; de maatstok is bij deze meting in rust. De afstand tussen de beide punten kan men, aldus de auteur, aanduiden als 'lengte van de staaf'. De lengte die de waarnemer vindt bij de eerste operatie, door de auteur 'de lengte van de staaf in het bewogen systeem' genoemd, moet nu volgens het relativiteitsprincipe gelijk zijn aan de lengte l van de staaf in rust. De lengte van de staaf bij de tweede operatie, 'de lengte van de (bewogen) staaf in het systeem-in-rust' genoemd, zal op basis van Einsteins beide postulaten nog worden vastgesteld; zij zal van l blijken te verschillen. De gangbare kinematica, zo merkt de auteur nog op, neemt stilzwijgend aan dat de lengten, als vastgesteld bij de beschreven operaties, precies gelijk zijn, ofwel, dat een bewogen lichaam in tijdsruimte t in meetkundig opzicht volledig door hetzelfde lichaam, wanneer dat in een bepaalde positie in rust is, kan worden vervangen.[11]

We stellen ons vervolgens voor dat aan de beide uiteinden, A en B, van de staaf (lengte: r_{AB}) klokken zijn gehecht die met de klokken van het systeem-in-rust gelijklopen.[12] Bij elk van de beide klokken bevindt zich een waarnemer die met de klok mee zal worden bewogen.[13] Deze waarnemers zorgen ervoor dat de

---

11 Die allgemein gebrauchte Kinematik nimmt stillschweigend an, daß die durch die beiden erwähnten Operationen bestimmten Längen einander genau gleich seien, oder mit anderen Worten, daß ein bewegter starrer Körper in der Zeitepoche t in geometrischer Beziehung vollständig durch *denselben* Körper, wenn er in bestimmter Lage *ruht*, ersetzbar sei. ('Zur Elektrodynamik', p. 896)

12 Met 'de klokken van het systeem in rust' moeten hier wel zijn bedoeld de klokken waarvan sprake was in paragraaf 1.

13 Zo moet Einstein het wel bedoelen. Men zou in zijn tekst kunnen lezen dat de waarnemers al op het beschreven moment worden bewogen: "Wir denken uns ferner, daß sich bei jeder Uhr ein mit ihr bewegter Beobachter befinde" ('Zur Elektrodynamik', p. 896). Volgens de voorafgaande alinea lopen de klokken op de staaf echter gelijk met de klokken van het 'systeem-in-rust'; de toepassing van het criterium, volgend op het beschreven moment, vindt ook nog plaats in dat systeem.

klokken volgens het criterium, geformuleerd in de eerste paragraaf, gelijklopen. Op tijd t_A gaat een lichtstraal van uiteinde A van de staaf naar uiteinde B, de richting waarin de staaf nu ook zelf bewogen wordt; en op tijd t_B wordt het licht van uiteinde B teruggekaatst naar uiteinde A, waar het op tijd t'_A arriveert.[14] Gaan we er nu van uit dat de lichtsnelheid constant is, dan vinden we:

$$t_B - t_A = \frac{r_{AB}}{V-v} \quad \text{en} \quad t'_A - t_B = \frac{r_{AB}}{V+v}$$

Einstein voegt ter precisering nog toe, dat met lengte r_{AB} is bedoeld de lengte van de bewogen staaf als gemeten in het systeem-in-rust. Dan volgt de conclusie: de klokken op de staaf zullen voor waarnemers die met de staaf mee worden bewogen, niet gelijklopen, hoewel waarnemers in het systeem-in-rust zouden zeggen dat ze dat wel doen.[15] "We zien dus", zo besluit hij, "dat we aan het begrip gelijktijdigheid geen absolute betekenis mogen toekennen, maar dat twee gebeurtenissen die, vanuit een bepaald coördinatensysteem bezien, gelijktijdig zijn, beschouwd vanuit een systeem dat ten opzichte van dit systeem bewogen wordt, niet meer als gelijktijdige gebeurtenissen kunnen worden begrepen".[16]

---

14 Dat Einstein spreekt van 'tijd', niet van 'tijdstip' is, zoals zal blijken, niet toevallig.

15 Mit dem bewegten Stabe bewegte Beobachter würden also die beiden Uhren nicht synchron gehend finden, während im ruhenden System befindliche Beobachter die Uhren als synchron laufend erklären würden. ('Zur Elektrodynamik', p. 897)

16 Wir sehen also, daß wir dem Begriffe der Gleichzeitigkeit keine *absolute* Bedeutung beimessen dürfen, sondern daß zwei Ereignisse, welche, von einem Koordinatensystem aus betrachtet, gleichzeitig sind, von einem relativ zu diesem System bewegten System aus betrachtet, nicht mehr als gleichzeitige Ereignisse aufzufassen sind. ('Zur Elektrodynamik', p. 897)

5. Dopplereffect

Alvorens Einsteins gedachtenexperimenten nader te bekijken, voeren we zelf een dergelijk experiment uit.

Het is een bekend verschijnsel: op het moment dat een geluidsbron ons met enige snelheid passeert, wordt de voortgebrachte toon plotseling lager. Vergeleken met de toon die we zouden horen als de geluidsbron ten opzichte van ons in rust was, is de toon hoger zolang de geluidsbron ons nadert, en lager zodra zij zich van ons verwijdert. Ook bij het licht doet zich zoiets voor. Als in het heelal een lichtbron zich van ons af beweegt, verschuift in het spectrum de kleur van het licht in de richting blauw → rood ('roodverschuiving'); beweegt de lichtbron zich naar ons toe, dan verschuift ze in omgekeerde richting ('blauwverschuiving'). Dit zogenoemde dopplereffect laat zich begrijpen als een verandering in de lengte en de frequentie van de geluidsgolven of lichtgolven zoals die worden waargenomen: de golven worden ten opzichte van de waarnemer samengedrukt (hogere toon; blauwverschuiving) of uitgerekt (lagere toon; roodverschuiving). Bij geluid wordt de verandering bewerkt door de beweging van de geluidsbron, of van de waarnemer, of van beide ten opzichte van een middenstof. De verandering in het lichtspectrum wordt rechtstreeks bewerkt door de beweging van lichtbron en waarnemer ten opzichte van elkaar.

Wij stellen ons een lichtbron voor die in de kosmische ruimte zich in eenparige beweging verwijdert van een waarnemingspost.[17] Op de lichtbron bevindt zich een persoon A, op de waarnemingspost een persoon B. Volgens afspraak met B meet A enkele malen de snelheid van het licht in de richting van de waarnemingspost.

---

17 De snelheid waarmee de lichtbron zich van de waarnemingspost verwijdert, is klein in vergelijking met de lichtsnelheid. Derhalve zal het dopplereffect volgens de relativiteitstheorie nagenoeg gelijk zijn aan het 'klassieke' dopplereffect.

Wij stellen ons ook, op de aarde, een fietser voor die, eenparig zich voortbewegend, kan vaststellen wat ten opzichte van hemzelf de snelheden zijn van voertuigen die, zich eveneens eenparig voortbewegend, hem passeren. Die fietser zal natuurlijk, om de *werkelijke* snelheden van die voertuigen vast te stellen, bij tegemoetkomende voertuigen zijn eigen snelheid aftrekken van de gevondene, en bij hem inhalende voertuigen die erbij optellen. Volgens Einsteins relativiteitstheorie is met betrekking tot het licht de situatie anders: licht heeft ten opzichte van een waarnemer die zich eenparig voortbeweegt – en in ons gedachtenexperiment doet A dat – altijd dezelfde snelheid; de snelheid waarmee en de richting waarin de waarnemer beweegt, zal geen invloed hebben op de waarde die hij bij meting van de lichtsnelheid zal vinden (§ 1). Als A dus op de lichtbron de snelheid van het licht in de richting van de waarnemingspost meet, vindt hij volgens Einsteins theorie altijd dezelfde waarde. Ofwel: de lichtbron zou zich van B niet verwijderen en B zou op zijn post geen roodverschuiving constateren. Maar aangezien de lichtbron zich wel degelijk van B verwijdert, constateert B *wel* roodverschuiving. Dus is de lichtsnelheid niet 'invariant' en kan Einsteins theorie onmogelijk juist zijn.

Een bevestiging hiervan is het feit dat de theorie in strijd is met Einsteins eigen tweede postulaat. Zou de lichtbron zich, zoals zijn theorie impliceert, niet van B verwijderen, dan zou er immers tussen de lichtbron en B maar één beweging zijn, namelijk die van het licht. Is echter de snelheid van het licht in vacuüm onafhankelijk van de beweging van de lichtbron – aldus het tweede postulaat –, dan zijn er in een geval als het onze twee bewegingen: de beweging van de lichtbron en die van het licht. Ofwel: terwijl het licht naar B gaat, verwijdert de lichtbron zich van B en constateert B roodverschuiving.

Laten we nu Einsteins betoog over de relativiteit van lengten en tijden[18] nader aandacht geven.

---

18 Zie boven, § 4.

6. Systemen en lengte

We bezien eerst Einsteins betoog over de relativiteit van lengten. Hierin worden twee 'operaties' beschreven, bestaande in metingen van een staaf. Deze beschrijving wordt gevolgd door opmerkingen over de lengte van de staaf. Einstein noemt de lengte die wordt gevonden bij de eerste meting, 'de lengte van de staaf in het bewogen systeem'. Ze moet volgens het 'relativiteitsprincipe'[19] gelijk zijn aan de lengte l van de staaf in rust. De lengte, gevonden bij de tweede meting, wordt 'de lengte van de (bewogen) staaf in het systeem-in-rust' genoemd. Deze lengte zal op basis van Einsteins beide postulaten nog worden vastgesteld en zal, aldus de auteur, van l blijken te verschillen.

Problematisch in dit verhaal is de veronderstelde aanwezigheid van een tweede 'systeem', het 'bewogen systeem' genoemd. Waar komt het vandaan? Waarin onderscheidt het zich van Einsteins 'systeem-in-rust'? Vergelijken we de eerste meting, uitgevoerd in het 'bewogen systeem', met het tweede, uitgevoerd in het 'systeem-in-rust', dan blijkt de eerste meting zich van de tweede alleen daarin te onderscheiden, dat behalve de staaf ook de waarnemer en de maatstok in beweging zijn. Maar de beweging van de maatstok is dezelfde als die van de waarnemer, en de waarnemer beweegt mee met de staaf. De beweging van waarnemer plus maatstok kan dus onmogelijk een 'bewogen systeem' vormen, waar*in* dan de staaf zelf wordt bewogen; en over een andere beweging dan die van de staaf, met waarnemer en maatstok, lezen

---

19 Blijkens het begin van de tweede paragraaf is hiermee Einsteins eerste postulaat bedoeld. De auteur leidt daar zijn beide postulaten aldus in: Die folgenden Überlegungen stützen sich auf das Relativitätsprinzip und auf das Prinzip der Konstanz der Lichtgeschwindigkeit, welche beiden Prinzipien wir folgendermaßen definieren. ('Zur Elektrodynamik', p. 895) Zie verder boven, noot 9.

we niet. Trouwens, Einstein zelf heeft, in de inleiding tot zijn beschrijving van de 'operaties', ons laten weten dat de staaf wordt bewogen langs de X-as van het 'coördinatensysteem-*in-rust*'. Daarom is maar één conclusie mogelijk: de simpele beweging van de staaf heeft de functie van systeem, ofwel referentiekader, er ongemerkt bij gekregen.[20]

---

20 Deze toevoeging was ook te constateren in Einsteins uitspraak over de 'gangbare kinematica': die neemt aan, zegt hij, dat in meetkundig opzicht een bewogen lichaam volkomen overeenkomt met datzelfde lichaam in rust (zie boven, noot 11). Wat Einstein echter wilde betogen, is dat een bewogen lichaam (in het experiment: de staaf) *in een 'bewogen systeem'* niet dezelfde lengte heeft als in een 'systeem-in-rust'.

7. Systemen en tijd

We bezien vervolgens Einsteins betoog over de relativiteit van tijden. De gedachtengang in dit betoog is als volgt. Een klok in A loopt met een klok in B gelijk als ze samen laten zien dat de tijd waarin het licht van A naar B gaat, gelijk is aan de tijd waarin het gaat van B naar A.[21] De waarnemers bij de klokken op de staaf zorgen ervoor dat de klokken gelijklopen volgens dat criterium. Wanneer echter de staaf in beweging is gekomen, constateren deze waarnemers dat – zoals Einsteins formules[22] laten zien – de tijd waarin het licht van A naar B gaat, langer is dan de tijd waarin het gaat van B naar A. Voor de waarnemers lopen de klokken op de staaf dus niet meer gelijk. Dit betekent dat gelijktijdigheid iets betrekkelijks is. Gebeurtenissen die gezien vanuit een coördinatensysteem-in-rust gelijktijdig zijn, zijn ongelijktijdig als men ze beziet vanuit een systeem dat ten opzichte van dat coördinatensysteem in uniforme beweging is.

We bekijken dit verhaal nu nader. Componenten van Einsteins gedachtenexperiment zijn in dit deel van zijn betoog de staaf, twee klokken op de staaf, de waarnemers bij de klokken, en de lichtstraal. De beweging van de waarnemers is, evenals die van de klokken, rechtstreeks verbonden met de beweging van de staaf; dus kunnen deze bewegingen gelden als één. Verder is opnieuw sprake van een 'systeem-in-rust' en een 'bewogen systeem'.

Einsteins verhaal is niet erg begrijpelijk. Het probleem ervan is de relatie die er blijkens het 'dus' (*also*) in zijn concluderende uitspraken moet zijn tussen deze uitspraken en datgene wat wordt

---

21 Aldus Einstein in de eerste paragraaf van zijn betoog. Zijn formulering van het criterium, die ik in mijn § 2 volgde, was niet bijzonder gelukkig. Ter verduidelijking heb ik nu de woorden 'ze samen laten zien dat' toegevoegd.

22 Zie boven, § 4.

aangeduid in de formules.[23] Hoe stelt Einstein zich deze relatie voor? Kern van de zaak is voor Einstein klaarblijkelijk dat de staaf, als die in beweging komt,[24] samen met de klokken en de waarnemers belandt in het 'bewogen systeem'. De waarnemers constateren dat in dit systeem het tijdsverloop anders is dan in het 'systeem-in rust'. De klokken op de staaf laten het zien: die lopen in het 'bewogen systeem' niet meer, als in het 'systeem-in-rust', gelijk.[25] En dit leidt dan tot de conclusie dat gelijktijdigheid iets betrekkelijks is, iets dat afhankelijk is van het coördinatensysteem van waaruit men gebeurtenissen beziet.

De vraag is nu: als de staaf met de kokken en de waarnemers wordt bewogen, belandt ze dan in het 'bewogen systeem'? In Einsteins beschrijving van het experiment vindt het geen bevestiging. De tweede en laatste meting van de staaf vond volgens zijn zeggen plaats in het 'systeem-in-rust'. Na het verhaal over de metingen wordt tot aan de slotzin van de paragraaf van een 'bewogen systeem' geen melding gemaakt. De enige beweging waarvan sprake is geweest, is die van de staaf, met twee waarnemers en klokken; geen andere beweging is vermeld. Dat staaf en waarnemers zich bevinden in Einsteins 'systeem-in-rust', is zelfs zonder meer duidelijk wanneer we aannemen dat het tekstgedeelte waarin sprake is van twee waarnemers en twee kokken, geen tweede actie beschrijft, maar de voorafgaande beschrijving

---

23 Mit dem bewegten Stabe bewegte Beobachter würden also die beiden Uhren nicht synchron gehend finden, [...]

24 Het criterium, dat de waarnemers aan het begin van dit deel van het experiment toepassen, was gedefinieerd in het 'systeem-in-rust' (zie boven, § 2; Zur Elektrodynamik, p. 894-95) en functioneert natuurlijk ook alleen daarin. Einstein vergeet overigens te vermelden dat na de toepassing van het criterium de staaf in beweging wordt gebracht – wat echter blijkt uit het vervolg.

25 De logica van dat laatste valt overigens moeilijk in te zien. Beide klokken bevinden zich immers, met de staaf, in het 'bewogen systeem'.

aanvult met iets nieuws – wat denk ik het geval is.[26] De metingen, zo zagen we, vinden plaats in het 'systeem-in-rust',[27] en het is duidelijk dat dan ook de staaf en de waarnemers tijdens de proef met de lichtstraal zich in dat systeem bevinden. Is er ook hier maar één systeem, dan heeft ook hier de beweging van de staaf ongemerkt de functie van systeem (referentiekader) erbij gekregen. Dus faalt Einsteins experiment als bewijs voor de stelling dat 'twee gebeurtenissen die, vanuit een bepaald coördinatensysteem bezien, gelijktijdig zijn, beschouwd vanuit een systeem dat ten opzichte van dit systeem bewogen wordt, niet meer als gelijktijdige gebeurtenissen kunnen worden begrepen'.

Dat Einsteins betoog over de relativiteit van tijden op het meest wezenlijke punt niet klopt, kunnen we ook op andere wijze vaststellen. Want niet alleen beroept de auteur zich onterecht op zijn eerste postulaat, maar ook is zijn betoog strijdig met het tweede. Het tweede postulaat stelt, zoals we zagen, dat de snelheid van het licht in vacuüm onafhankelijk is van de beweging van de lichtbron. Het verdient nu opmerking dat dit postulaat geen volstrekt unieke situatie betreft. Het principe ervan is namelijk ook van toepassing op geluid: ook de snelheid daarvan is onafhankelijk van de beweging van de bron. Stel nu, we voeren Einsteins gedachtenexperiment uit met geluid; het ligt in de rede dat de snelheid daarvan hoger zal zijn dan die van de staaf. Als een geluidssignaal uit een bron in A (het ene uiteinde van de staaf), bewegend met een snelheid die onafhankelijk is van de beweging van de bron, arriveert in B (het andere uiteinde), is de staaf inmiddels iets vooruit bewogen en heeft dus de overtocht langer geduurd dan wanneer de staaf in stilstand zou hebben verkeerd; de terugtocht daarentegen zal juist korter duren. Volgens Einsteins tweede postulaat is ten aanzien van het licht de

---

26 Ik baseer deze zienswijze op het begin van het betreffende tekstgedeelte, dat luidt: Wir denken uns ferner, daß [...] (zie verder boven, noot 13). Dit klinkt niet als de voortzetting van een verhaal.
27 Zie boven, § 4.

situatie in wezen niet anders. Als de lichtstraal, bewegend met een snelheid die onafhankelijk is van de beweging van de lichtbron, arriveert in *B*, is de staaf inmiddels iets, hoe weinig ook in dit geval, vooruit bewogen. En zo beïnvloedt de beweging van de staaf de weg die het licht heeft te gaan. Als de staaf met het licht mee beweegt, maakt dat de weg iets langer; als de staaf ertegenin beweegt, wordt de weg iets korter. En dus duurt de heenreis iets langer, de terugreis iets korter dan ze zou hebben geduurd als de staaf in stilstand had verkeerd. Dit is ook de eenvoudige waarheid van Einsteins formules.

8. Twee systemen

Ik kom nu tot het meest fundamentele bezwaar tegen Einsteins tweede paragraaf.

In mijn vertaling van de slotzin van deze paragraaf is sprake van 'een bepaald coördinatensysteem'. Maar de Duitse tekst heeft eenvoudig 'een coördinatensysteem'.[28] Toch gaat het hier, zoals we zagen, om een bepaald systeem: het 'systeem-in-rust'. Hoe moeten we dit systeem eigenlijk begrijpen? Einstein situeert zijn experiment duidelijk op de aarde, en met een coördinatensysteem-in-rust bedoelt hij ook kennelijk een systeem dat in rust is ten opzichte van het aardoppervlak. Nu is in onze wereld, voor zover bekend, alles in beweging, een toestand van absolute rust kennen we niet. Op de aarde is zo'n toestand al zeker niet te vinden, want het aardoppervlak beweegt op verschillende manieren. Dit betekent dat een systeem-in rust (referentiekader-in-rust) op de aarde niet toepasbaar is. Van een dergelijk systeem, als het al mogelijk zou zijn, zou de horizontale as niet met enige constantie op het aardoppervlak kunnen rusten. Wat Einstein aanduidt als 'systeem-in-rust', is dus in feite een bewogen systeem.[29] Einsteins eigen eerste postulaat spreekt ook alleen van coördinatensystemen-in-beweging.[30]

De conclusie moet zijn dat er in de situatie die Einstein beschrijft, maar één referentiekader ('systeem') is. Dus heeft de staaf logischerwijs ook maar één lengte en kunnen gebeurtenissen

---

28 Zie boven, noot 16.

29 Strikt genomen is een 'systeem' dat gegrond is op de aarde, geen inert referentiekader. In Einsteins experiment kan, gegeven de zeer hoge snelheid van het licht en de geringe afstand die het hier aflegt, een 'bewogen systeem' wel als zodanig gelden.

30 Zie voor Einsteins formulering noot 9. Zie verder boven, § 1.

niet, afhankelijk van het referentiekader van waaruit ze worden waargenomen, gelijktijdig en tevens ongelijktijdig zijn.

In een derde paragraaf gaat Einstein nader in op de ruimtelijke en tijdelijke transformaties die naar zijn zienswijze tussen zijn twee systemen plaatsvinden.[31] We kunnen deze paragraaf met een goed geweten buiten beschouwing laten.

---

31 § 3. Theorie der Koordinaten- und Zeittransformation von dem ruhenden auf ein relativ zu diesem in gleichförmiger Translationsbewegung befindliches System.

9. Michelson-Morley

Waar wordt gesproken over de relativiteitstheorie, komt vaak het experiment van Michelson en Morley ter sprake. Ik geef er in het kort aandacht aan.

Laat in de negentiende eeuw werd algemeen aangenomen dat lichtgolven evenals geluidsgolven een medium nodig hebben om zich te verspreiden. Geluidsgolven planten zich vooral voort in lucht; lichtgolven doen dat, zo veronderstelde men, in iets wat ether werd genoemd. Men stelde zich deze ether voor als een niet waarneembaar medium dat alles doordringt. Het ingenieuze experiment dat Albert Michelson in 1887 uitvoerde samen met Edward Morley, had tot doel de beweging van de aarde ten opzichte van de ether te meten. De aarde wentelt om haar as. Haar wenteling om de zon voegt beweging toe. Daarbij komt dan nog de beweging van de zon binnen het Melkwegstelsel. Men kon dus aannemen dat de positie van een bepaald punt op het aardoppervlak ten opzichte van de ether voortdurend zou veranderen, en logischerwijs was dit van invloed op de waarden die men zou vinden als men op dat punt de snelheid van het licht zou meten. Als op zeker moment het licht in dezelfde richting bewoog als het aardoppervlak op dat punt, zou de snelheid ervan, als op dat punt gemeten, gelijk zijn aan de eigenlijke lichtsnelheid *minus* de snelheid van de aarde; bewoog het licht in de tegenovergestelde richting, dan zou de gemeten snelheid gelijk zijn aan de lichtsnelheid *plus* de snelheid van het aardoppervlak; bewoog het licht dwars op de beweging van de aarde, dan zou men bij meting de eigenlijke lichtsnelheid vinden.

Om de metingen uit te voeren had Michelson de zogenaamde interferometer ontworpen. In deze interferometer werd een lichtbundel gesplitst in twee delen die, via spiegels, in tegenovergestelde en loodrecht op elkaar staande richtingen verschillende lengtes doorliepen en zich dan weer verenigden. Het apparaat, dat de vorm had van een kruis, kon verschillend worden opgesteld:

met één balk in de richting van de beweging van het aardoppervlak en de andere dwars daarop, of juist andersom; zo konden al
binnen korte tijd resultaten worden geboekt. De vereniging van
de beide lichtbundels in de interferometer zou leiden tot interferentie, die zich zou manifesteren als een patroon van 'franjes'
(*fringes*, banen, strepen). Ook binnen het apparaat plantte, naar
men meende, het licht zich voort in de ether, die immers alles
heette te doordringen. Gegeven de hierboven beschreven relatie
tussen de beweging van het aardoppervlak en de lichtsnelheid als
gemeten, zou de lichtinval in het apparaat dus voortdurend veranderen, en daarmee veranderde ook de tijd waarin het licht de
overtocht maakte in het apparaat. De veranderingen waren af te
lezen uit verschuivingen in de positie van de interferentiefranjes.
En uit deze verschuivingen zou zijn op te maken hoe de aarde zich
bewoog ten opzichte van de ether. Door de meetresultaten met
elkaar te vergelijken zou men tenslotte de totale beweging van de
aarde ten opzichte van de ether nauwkeurig kunnen vaststellen.

De uitslag van Michelsons experiment was echter teleurstellend: significante verschuiving werd niet gevonden. Voor
dit 'nul-resultaat' leek naderhand Einsteins relativiteitstheorie
de verklaring te bieden. Die theorie stelt immers dat de lichtsnelheid 'invariant' is. Het licht in de interferometer zou altijd
dezelfde snelheid hebben en verandering van interferentie zou
zich niet voordoen. Het Michelson–Morley experiment werd met
toenemende precisie herhaald tot de jaren 30 van de 20e eeuw,
maar de uitslag bleef, en was steeds duidelijker, negatief. Uit het
aanhoudende 'nul-resultaat' werd tenslotte geconcludeerd dat het
veronderstelde medium, de ether, niet bestaat.

Wat is nu de slotsom van dit alles? Kan het negatieve resultaat
van het Michelson–Morley experiment door Einsteins theorie
worden verklaard? We hebben gezien dat het licht volgens deze
theorie altijd dezelfde snelheid heeft ten opzichte van waarnemers
die zich uniform voortbewegen. De beweging van Michelson en
Morley in hun laboratorium was echter, gegeven de vele bewegingen van de aarde, verre van uniform. Als zij daar de lichtsnelheid
hadden gemeten, zou die dus – volgens Einsteins theorie – niet

'invariant' zijn geweest. Derhalve kan de relativiteitstheorie de uitkomst van het Michelson–Morley experiment niet verklaren en wordt zij, van haar kant, er ook niet door bevestigd. Dat is des te duidelijker omdat, als de ether–theorie onjuist is (wat men nu algemeen aanneemt), het 'nul–resultaat' daardoor volledig wordt verklaard. Bestaat de ether niet, dan bleef het licht in Michelsons experiment opgesloten in de interferometer en kon het over de wereld daarbuiten geen enkele informatie geven.

10. Tenslotte

Aan het einde van dit betoog zijn er nog twee opmerkingen te maken.

De eerste betreft de ideeën, vermeld in § 1, die voor Einsteins theorie kenmerkend zijn. Omdat de uitgangspositie van de theorie niet is te handhaven, verliezen ze hun geldigheid.

De tweede opmerking betreft verschijnselen die gelden als bevestiging van de theorie. In GPS-satellieten, bijvoorbeeld, schijnt de klok een fractie langzamer te tikken dan op de aarde; de speciale relativiteitstheorie, zegt men, kon dit al voorspellen. Einsteins algemene relativiteitstheorie zou nagenoeg of geheel dat kleine deel (43 booggraden) van de precessie van Mercurius' perihelium verklaren dat zijn oorzaak niet vindt in de aantrekkingskracht van andere planeten. Gegeven onze bevindingen, zal men naar andere verklaringen moeten omzien.

Naschrift

Dit eerste verhaal heeft een voorgeschiedenis. In de jaren 2010-2011 heb ik eerdere versies ervan ingezonden bij natuurwetenschappelijke tijdschriften, die evenwel mijn betoog, zonder op de inhoud ervan in te gaan, afwezen met beroep op de doelstelling van het tijdschrift of beperkte publicatieruimte. Natuurkundigen die ik vroeg om commentaar maakten, voor zover ze reageerden, opmerkingen die aan de kern van de zaak voorbijgingen – als ze mijn verhaal al niet bij voorbaat verwierpen. Maar deze tegenspoed heeft het betoog geen kwaad gedaan; de omvang ervan is teruggebracht, de argumentatie verbeterd. Ik denk ook dat het stuk pas nu geschikt is om aandacht te krijgen in bredere kring.

Met mijn zoon Elbert heb ik over de relativiteitstheorie langdurig gecorrespondeerd. Ik ben hem dankbaar voor de interesse waarmee hij mijn gedachtengangen heeft gevolgd. Cor Kooi, een vriend sinds de studententijd, nu niet meer onder ons, heeft zich in mijn tekst en de wederwaardigheden er omheen zeer verdiept. Zijn hulp en zijn openheid van geest waren voor mij zeer waardevol. Johan Steketee, natuurkundige en vriend vanouds, heeft met zijn kritische kanttekeningen mij aangespoord om sommige zaken opnieuw te overwegen. Ik gedenk hem in erkentelijkheid. Dankbaar ben ik ook de heer Richard Floris, die mij in een vroege fase van mijn naspeuringen op bijzondere wijze heeft bemoedigd. Graag vermeld ik tot slot het contact met Professor H.J. Boersma, eertijds hoogleraar natuurkunde aan de Vrije Universiteit Amsterdam, die aan mijn betoog veel aandacht heeft besteed, maar de bestudering ervan door ziekte moest afbreken.

OORSPRONG

1. Inleiding

In de westerse wereld heeft zich een scheiding voltrokken tussen wetenschap en religie; de oorzaak daarvan is tegenstrijdigheid. Soms stelt men dat van tegenstrijdigheid geen sprake kan zijn, omdat de twee op verschillende zaken betrekking hebben. In de wetenschap gaat het over feiten, in religie over zin. Maar deze tweedeling is moeilijk vol te houden. Wat de notie 'zin' betreft: het ligt voor de hand dat het in religie allereerst gaat over iets dat specifiek religieus is. 'Zin' is dat niet, het is geen specifiek religieus begrip, evenmin als bijvoorbeeld – ook voorgesteld – 'het uiteindelijke'. Een specifiek religieus begrip is 'heilig'. Het heilige is het 'andere', dat vraagt om ontzag, toewijding, verering. Religie is de relatie van de mens tot dit heilige, de heilige werkelijkheid van goden, geesten, God. Godsdienst is vooral de gestalte waarin de relatie zich vertoont. Dan de notie 'feiten'. Niet alleen in de wetenschap gaat het over feiten, maar ook in religie. Feiten kunnen voor een godsdienst zelfs essentieel zijn. Godsdiensten van schriftloze volken bijvoorbeeld vertellen – of vertelden – over feiten die, veroorzaakt vanuit de 'andere' werkelijkheid, een norm stellen aan menselijk gedrag. Evenzo kunnen in monotheïstische godsdiensten feiten de wil en bedoeling van God tot uitdrukking brengen. Als het nu gaat over feiten in de historische zin, hoeft van een conflict met de wetenschap natuurlijk geen sprake te zijn. Maar de feiten waarover het in godsdiensten gaat, zijn dikwijls anders dan die van de wetenschap of daarmee zelfs onverenigbaar. Feiten in de mythen van schriftloze volken zijn hooguit in de kern historisch; feiten in hun mythisch getoonzette verhalen zijn het hooguit gedeeltelijk. Een bijbels verhaal, al kan het een verslag van feiten zijn, is waarschijnlijk vaker een vrije navertelling van feiten, of legende, of deels geschiedenis en deels legende, of weergave van een subjectieve ervaring, of verwerking van mythische motieven, of inkleding van een gedachte. De traditie verandert de status van het verhaal. Want ook al zal voor de verteller het verhaal meestal geen pure weergave van feiten zijn geweest, latere gelovigen, ontvankelijk voor het meer dan gewone, hebben het vaak wel zo opgevat. In de Bijbel staan verhalen als hier aangeduid ook zonder onderscheiding naast eenvoudige historische mededelingen. Voor de historische wetenschap zijn ze intussen niet of maar beperkt geloofwaardig; voor de natuurwetenschap is veel ervan onbestaanbaar. Voor hen die de traditionele geloofsleer zijn toegedaan, is de wetenschappelijke kritiek moeilijk te aanvaarden. Zij die stellen dat religie enkel op zin betrekking heeft, aanvaarden in het algemeen de kritiek. Maar dat hun opvatting van religie geldt voor religie in het algemeen, is niet staande te houden.

De conclusie moet zijn dat, in oorsprong en grotendeels ook nu nog, de gangbare wetenschappelijke zienswijze en de religieuze wel degelijk met elkaar in strijd zijn. Geen van beide zienswijzen heeft naar mijn mening het gelijk volledig aan haar kant. Beide bevatten waarheid die recht heeft op erkenning.

2. Ruimte en tijd

Het universum is een bestaan in ruimte en tijd. Met het begrip ruimte hebben we weinig moeite. In de ruimte kunnen we ons vrij bewegen, in principe in alle richtingen, en de ruimte lijkt in alle richtingen zich ook eindeloos uit te strekken. De tijd is een moeilijker gegeven. Hij is al meteen moeilijker in de omgang, want in de tijd kunnen we ons volstrekt niet vrij bewegen; we voelen ons integendeel erdoor meegenomen – en altijd in dezelfde richting. Daar komt bij dat de tijd zich slecht laat kennen. Dat hij zich naar de toekomst uitstrekt tot in het eindeloze, lijkt wel aannemelijk. Maar hoe zit het met het verleden? Bij eerste overweging kunnen we denken dat de tijd zich ook naar het verleden toe eindeloos uitstrekt en dat er dus vóór elke tijdsduur steeds een andere tijdsduur is geweest. Maar tijd zonder een begin, kan dat? We kunnen het ons niet goed voorstellen. Is de tijd misschien een kringloop? En als hij verloopt in een rechte lijn, was er dan al tijd voordat de wereld er was? Maar hoe manifesteerde hij zich dan in die situatie? Wat betekent het dat de tijd ons altijd één kant op stuurt? Wat is eigenlijk tijd?

Het probleem met de tijd is, denk ik, van twee dingen het gevolg. Het eerste is dat we in de tijd niet de aanschouwelijkheid ervaren die we ervaren in de ruimte. Het tweede is, dat we geneigd zijn de tijd, en ook de ruimte, te beschouwen als zelfstandig bestaande werkelijkheden. Wat nu het eerste, de aanschouwelijkheid, betreft: we aanschouwen de ruimte evenmin als de tijd. We aanschouwen dingen *in* de ruimte, en evenzo aanschouwen we dingen *in* de tijd. Wat betreft het tweede: ruimte en tijd zijn werkelijkheden, maar geen zelfstandige werkelijkheden. Zij zijn, samen, niet meer dan een vorm. Tijdruimtelijkheid is de vorm waarin de wereld bestaat, haar bestaansvorm. Deze bestaansvorm is dimensionaal van aard, in haar is de wereld meetbaar (*dimensio*, 'afmeting'). In de ruimte kunnen, in drie dimensies – lengte, breedte, hoogte –, afstand en uitgebreidheid worden gemeten.

In de tijd – één dimensie – kan duur worden gemeten. Als de wereld er niet was, was ook haar bestaansvorm er niet, was er voor meting geen aanknopingspunt, en was er dus geen ruimte of tijd. De tijd heeft dus een begin, want – ik kom hierop terug – de wereld heeft een begin.

We stellen ons een stilstaand filmbeeld voor: het toont een ruimtelijke werkelijkheid. Zet de film in beweging en we hebben de tijd erbij. Kennelijk staat de tijd in speciale samenhang met beweging. Hoe? Beweging heeft ruimte nodig, maar bovendien tijd. Dus voegt zij die als dimensie aan de ruimte toe: tijd als dimensie van de beweging. In de beweging zijn ruimte en tijd complementair. In de allereerste beweging moeten ze daarom ook samen zijn ontstaan. Sindsdien beweegt het universum zich in de tijd voort als in een lijn, een rechte lijn. Dat de tijd meandert, is weinig aannemelijk; hoe zoiets tot stand zou kunnen komen, is niet duidelijk. Ook kan de tijd moeilijk cyclisch zijn. Want hoe in onze wereld, gegeven haar uitbreiding en ontwikkeling, de toestand van het einde gevolgd zou kunnen worden door die van het begin, is moeilijk in te zien. Een 'eeuwige terugkeer' (Nietzsche) lijkt niet waarschijnlijk.

Tijd is de dimensie van de beweging. In het universum is alles in beweging. Sterren, planeten, sterrenstelsels bewegen; straling is beweging; in de materie bewegen elementaire deeltjes; groei en verval zijn beweging. Al staat een object ten opzichte van bepaalde objecten stil, ten opzichte van veel andere objecten zal het bewegen. Zo neemt in het universum in allerlei snelheden alles deel aan de voortgang in de tijd. Uurwerken doen het in voorgeschreven regelmaat.

3. Oorsprong

De wereld, zoals wij die kennen, ontwikkelt zich: wij zien het voor onze ogen. Wat zich ontwikkelt, heeft een oorsprong en een begin, is ooit 'geboren'. Waarin vindt de wereld haar oorsprong?

Uit de uitdijing van het heelal en de kosmische achtergrondstraling – 'nagloei-effect van de oerknal' – hebben natuurkundigen afgeleid dat het universum, de wereld, is geboren in één punt van oneindige dichtheid. Op de vraag naar de oorsprong is dit idee echter geen antwoord. De 'oerknal' wordt dan ook wel een singulariteit genoemd, waarmee is bedoeld dat hij uit de gewone natuurkundige wetmatigheden niet is te verklaren. Is het universum misschien ontstaan uit een vorig universum – dat mogelijk ook zelf uit een vorig universum was ontstaan? Het zou kunnen, maar lost niets op. Van mogelijk eerdere universa moet toch het eerste een oorsprong hebben gehad.

Laten we uitgaan van één universum. Het is ooit, zoals de natuurwetenschap dus ook aanneemt, begonnen te bestaan. Dat het begin ervan tevens het begin is van ruimte en tijd, moet betekenen dat de wereld is geboren in één ondeelbaar punt. Waaruit is zij geboren? Uit het ruimte- en tijdloze moet ze zijn geboren, want alleen dat gaat aan haar vooraf. Is het ruimte- en tijdloze het volstrekte niets? Een spontane geboorte uit het niets is als hypothese weinig aantrekkelijk. Is het ruimte- en tijdloze geen niets, dan is het een iets, een werkelijkheid, een bestaan, en wel een bestaan dat, aangezien het per definitie begin noch einde kan hebben, noodzakelijkerwijs er is. Hoe dit oerbestaan, naar zijn wezen onstoffelijk, de wereld kon voortbrengen, is moeilijk te doorgronden. Hoe het zelf er zijn kan, zullen we wel nooit ontdekken. Veel kunnen we weten, maar het bestaan, de werkelijkheid zelf, blijft een mysterie.

De oorsprong is wezenlijk anders dan onze tijdruimtelijke werkelijkheid en is transcendent, gaat onze zinnen te boven. In zijn onruimtelijkheid is hij niet allesomvattend of in alles uitgebreid, in zijn tijdloosheid niet eindeloos durend. Aan onze werkelijkheid gaat deze oerwerkelijkheid vooraf – in orde, niet in tijd. Er is derhalve geen tijd of situatie geweest waarin alleen zij er was. Bestaat zij niet anders dan samen met het universum, onze tijdruimtelijke werkelijkheid, dan is zij naar haar wezen daarmee verbonden. Zij is, hoezeer ook van deze werkelijkheid verschillend, geen van ons gescheiden werkelijkheid. De werkelijkheid is integendeel één, met de oorsprong als eerste wijze van bestaan – het bestaan ten diepste. Dat de oorsprong met onze wereld één is, betekent dat deze wereld, uit de oorsprong geboren, ook daarin rust.

Omdat de oorsprong aan het universum niet in tijdruimtelijke zin voorafgaat, maar in orde van bestaan, kan zijn verbondenheid met het universum ook niet tijdruimtelijk van aard zijn. Hij kan zich niet bijvoorbeeld op ruimtelijke of tijdelijke afstand ervan bevinden. Ook kan hij niet in speciale betrekking staan tot een bepaalde plaats of een bepaald tijdstip in het universum, bijvoorbeeld het geboortepunt ervan. Zijn verbondenheid bestaat veelmeer daarin, dat hij ten opzichte van onze werkelijkheid overal en altijd aanwezig is. Verschillen in de zin van dichtbij of veraf, vroeger of later, zijn er voor de oorsprong dus ook niet. In overeenstemming daarmee is onze tijdruimtelijke werkelijkheid, in heel haar ontwikkeling en met alles wat ze bevat, ook altijd en overal direct aanwezig ten opzichte van de oorsprong. Ons bestaan is de oorsprong volstrekt nabij.

In zijn anders-zijn gaat de oorsprong de menselijke bevatting ver te boven. Woorden waarmee ik hem aanduid, zijn: oorsprong, oerwerkelijkheid, oerbestaan, bron, oerbron, grond van ons bestaan. Het religieus bepaalde woord God vermijd ik. Het is belast met mensvormige voorstellingen en met denkbeelden die per religie verschillen; daardoor roept het licht misverstanden op. Onder de mensvormige voorstellingen is die van God als persoon, soortgelijk aan de mens als persoon, wel de belangrijkste, en veel gelovigen is zij dierbaar. Toch is ze ongetwijfeld inadequaat. De diepste werkelijkheid is meer dan een persoon: zij is de werkelijkheid die ons persoon-zijn als mogelijkheid in zich sluit.

4. Ontwikkeling

Is het universum voortgekomen uit een oerbestaan, dan hoeft dat niet in strijd te zijn met natuurwetenschappelijke inzichten. Om mijn gedachten in context te plaatsen, vat ik enkele van die inzichten zeer kort samen. Dat het volgende grotendeels bekend zal zijn en dat niet alles volkomen onbetwist is, ben ik mij bewust.

De natuurwetenschap neemt aan dat het universum werd geboren in onvoorstelbare druk en hitte en zich vrijwel meteen, in een miniem ogenblik, uitbreidde met extreme snelheid. Fundamentele natuurkrachten manifesteerden zich en er vormde zich een plasma van elementaire deeltjes. Later ontstonden eenvoudige kernen. Het universum breidde zich intussen uit en koelde af. Na enkele honderdduizenden jaren konden 'lichte' atomen ontstaan. Straling kwam vrij van de materie, het heelal werd transparant. Weer lange tijd daarna vormden zich door de zwaartekracht wolken van fijne materie, die de basis legden voor het ontstaan van sterrenstelsels, clusters van sterrenstelsels, superclusters en nog andere structuren. In sterren vindt kernfusie plaats, die in zware sterren steeds zwaardere elementen doet ontstaan. Tenslotte stort het binnenste van zo'n ster in, waarna de buitenste lagen de ruimte in worden gestoten. Uit interstellaire materie, waaronder metalen, kunnen bij een ster planeten ontstaan.

Leven vergt een omgeving die aan zeer veel voorwaarden moet voldoen; onze planeet bood zo'n omgeving. Materie was de basis voor het ontstaan van leven, eencellige micro-organismen zijn vroege vormen van leven. De huidige organismen op de aarde zijn onder verschillende en vaak veranderende condities door, vooral, natuurlijke selectie en mutaties ontstaan. Wat leeft, geeft antwoord op prikkels. Dieren die beschikken over een centraal zenuwstelsel, zullen de prikkels ook ervaren, bijvoorbeeld in honger en dorst. Bij hen zorgen vaak instincten voor doelmatige reacties. Veel dieren beschikken bovendien, in uiteenlopende mate, over intelligentie. Verder lijdt het geen twijfel dat veel dieren ook gevoelens kennen: afkeer, angst, boosheid, vrolijkheid, genegenheid, verdriet. De mens is het dier dat kan praten, kan denken en door die vermogens een bijzondere mate van intelligentie heeft ontwikkeld. Hij kan logisch te werk gaan, veelsoortige gereedschappen maken en heeft geleerd abstract te denken. Ook is zijn gevoelsleven sterk ontwikkeld. Naast gevoelens die hij met sommige dieren deelt, zoals angst en boosheid, kent hij gevoelens die specifiek menselijk lijken te zijn: spijt, berouw, weemoed. Is hij nog een dier?

5. Externe invloed

De wereld, zagen wij, kan niet zijn geboren uit een volstrekt niets. Een overweging ontleend aan de natuurwetenschap bevestigt dat. Een materieel systeem, zo leert de natuurkunde, zal zonder invloed van buitenaf geleidelijk vervallen tot een ongeordend geheel (entropie). Zou er buiten onze wereld niets zijn, dan dreigde dus het universum al vanaf het begin te vervallen tot chaos. Maar zulk verval trad niet in: in de loop van miljarden jaren is integendeel een zeer geordend en gestructureerd systeem tot stand gekomen. De conclusie waartoe de natuurkunde zelf ons uitnodigt, is dat de ontwikkeling van het universum een invloed van buitenaf veronderstelt. Dat moet dan een invloed zijn van buiten ruimte en tijd.

Dat de wereld zich heeft ontwikkeld onder een externe invloed, wordt niet weersproken door de geschiedenis van het leven op de aarde. Verlangen we te weten wat het leven in essentie is, dan geven natuurkundige wetmatigheden daarin geen inzicht. Uit de puur stoffelijke bestaanswijze is het leven voortgekomen. Maar hoe, gegeven alleen al zijn gecompliceerde genetische structuur, *kon* het daaruit voortkomen? Hoe kon het zich ontwikkelen? Volgens de evolutietheorie is natuurlijke selectie een belangrijke factor in de ontwikkeling. Maar biologen zijn het er niet over eens, op welk niveau de selectie plaatsvindt: op dat van het individuele organisme, dat van de familie of groep, dat van het gen, of op verschillende niveaus in samenwerking. Fossiele vondsten wekken de indruk dat ontwikkelingen ook sneller konden verlopen dan op grond van de theorie viel te verwachten. Een onderwerp apart is dan nog de 'binnenwereld' in levende wezens, de wereld van ervaring, gevoel, begrip, streven. Hoe moeten we haar begrijpen? Hoe kon ze tot stand komen?

Een verklaring van de oorsprong van het leven biedt de evolutieleer niet; als verklaring van de geschiedenis van het leven volstaat zij niet.

6. Oorsprong en ontwikkeling

Dat de wereld niet besloten is in zichzelf, maar een oorsprong heeft waarin zij rust, is allereerst een waarheid van de godsdiensten – en geen geringe waarheid. Niet minder echter is het een wetenschappelijke waarheid dat de wereld door ontwikkeling is geworden wat zij is. Hoe verhouden de twee zich tot elkaar? Ik stel het mij als volgt voor.

De wereld is de verwezenlijking van een mogelijkheid. Wat zou zij anders kunnen zijn? De term 'mogelijkheid' kan hier echter verschillend worden begrepen. Filosofen hebben wel gemeend dat onze wereld de verwezenlijking is van een mogelijkheid uit vele, ofwel één van veel mogelijke werelden. Ook is wel gedacht dat zij de verwezenlijking is van een mogelijkheid waarvan de verwezenlijking geen noodzaak was. Het zijn mijns inziens speculatieve ideeën, die er niet toe bijdragen dat wij – in beginsel – begrijpen hoe de wereld zich vanuit een ruimte- en tijdloze oorsprong heeft kunnen ontwikkelen tot wat zij is. De term 'mogelijkheid' kan echter nog anders worden opgevat, namelijk als aanduiding van een mogelijkheid die van haar verwezenlijking alleen daarin verschilt *dat* ze mogelijkheid is. Ofwel: er kan een potentiële werkelijkheid mee worden bedoeld. In die betekenis is 'mogelijkheid' hier zinvol. We kunnen dan zeggen dat de wereld met alles wat, stoffelijk en onstoffelijk, in haar bestaat en zich ontwikkelt, tezamen met de ontwikkeling zelf, potentieel besloten ligt in de oorsprong. Deze wereld is dan de enig mogelijke wereld, en ik vermoed dat ze het is volgens logische wetten. Met potentie in de zin van mogelijkheid verbindt de oorsprong potentie in de zin van vermogen. Het oerbestaan had het vermogen de wereld voort te brengen en zich te doen ontwikkelen. Alle potentie in onze wereld staat met die van het oerbestaan in samenhang, en in het vermogen van het oerbestaan rust het bestaan van deze wereld.

In haar ontwikkeling geeft de wereld een opeenvolging van bestaanswijzen te zien, en wel in die zin, dat een gerealiseerde bestaanswijze de basis kan zijn voor het ontstaan van een volgende, die iets geheel nieuws toevoegt. Al dadelijk bij de geboorte van het universum ontstond, mogelijk uit energie, materie. Zo begon de energetisch-materiële vorm van bestaan; ik noem haar de stoffelijke bestaanswijze. Deze bestaanswijze ontwikkelde zich en werd op onze aarde, en mogelijk op veel meer plaatsen, de basis voor het ontstaan van leven. Het leven, tenslotte, werd de basis voor het ontstaan van ervaring, die zelf eveneens een bestaanswijze is. In dit alles manifesteren zich de potenties en het vermogen van de oorsprong. Een tijdruimtelijke bestaanswijze is, zo neem ik aan, potentieel in een bepaalde structuur (of bepaalde structuren) van – als die er is – de voorafgaande tijdruimtelijke bestaanswijze en kan daarin onder zekere condities worden verwezenlijkt. Zo is het leven potentieel in een bepaalde structuur (bepaalde structuren) van de puur stoffelijke bestaanswijze; welke structuur (structuren) het hier betreft en onder welke condities verwezenlijking plaatsvindt, weten we niet. De ervaring is vervolgens potentieel in de meest basale structuur van het leven, namelijk in de lichaamscellen van bepaalde organismen. Condities waaronder ervaring wordt verwezenlijkt, zijn, bij geslachtelijke voortplanting, de vorming en het samenkomen van geslachtscellen, mannelijk en vrouwelijk, en – in de vrucht – de vorming van een zenuwstelsel of bepaald een brein. De tijdruimtelijke bestaanswijzen zijn tezamen potentieel in de oorsprong.

Maar hoe *kan* een bestaanswijze voortkomen uit een structuur van de voorafgaande bestaanswijze? We zullen het, vermoed ik, nooit weten. Een werkelijkheid die onze bevatting te boven gaat, heeft de wereld voortgebracht. Dit betekent dat in laatste instantie ook deze wereld ondoorgrondelijk is.

Evenals het ontstaan van het leven, voltrekt ook de ontwikkeling ervan zich overeenkomstig de potenties in de oerwerkelijkheid. Het is duidelijk dat zij zich niet altijd langs rechte lijnen voltrekt; zeer veel soorten van organismen zijn op de aarde immers uitgestorven. Is, als de soort uitsterft, een ontwikkeling op niets uitgelopen? Dat hoeft niet altijd het geval te zijn: de ontwikkeling kan zijn voortgezet langs een andere lijn. Als bijvoorbeeld een populatie ruimtelijk verdeeld raakt, kan een dochtersoort ontstaan. Die zet, wanneer de ouderlijke soort uitsterft, de ontwikkeling voort.

7. Waarde en zin

Waarde is een realiteit. Zij bestaat, maar op eigensoortige wijze. Een waarde als schoonheid bestaat niet op zichzelf: ze is er in potentie en wordt verwezenlijkt in het subject dat haar ervaart – bijvoorbeeld in de schoonheid van een gebouw. Soms, zoals we nog zullen zien, vereist de verwezenlijking van waarde bovendien een keuze.

Als zich ervaring van waarde ontwikkelt, ontstaat ook het besef van waarde. Dit besef komt pas laat tot stand; want lang is het bestaan met alles wat het omvat – dingen, handelingen, belevenissen, gevoelens, neigingen – voor het schepsel vanzelfsprekend. Voor de mens, zich bewust van zijn omgeving en in staat te denken, verdwijnt eens die vanzelfsprekendheid. Hij gaat vragen naar de oorsprong van de dingen en naar de waarde ervan, de waarde van stoffelijke zaken, van onstoffelijke zaken – bijvoorbeeld succes, aanzien, lijden –, de waarde van het bestaan zelf. Heeft het bestaan waarde? Heeft het leven waarde? En wat is dan die waarde? Heeft het leven zin?

Wat is zin? Het is de betekenis die iets heeft, de reden waarom het bestaat. Wat *heeft* zin? Zin heeft wat waarde heeft – zoals ook waarde heeft wat zinvol is. Mensen ervaren waarde in uiteenlopende zaken, zoals: werk dat voldoening geeft, vriendschap en liefde, beleving van de natuur, creatieve bezigheden, het ontwikkelen van interesses, het genieten van kunst, het oplossen van problemen. In die ervaringen zal ook zin worden ervaren. Iemand kan met een bepaalde waarde een speciale relatie onderhouden. Vooral een dergelijke relatie zal zin te ervaren geven.

Waarde vertoont zich in een veelheid van waarden. Wat is *een* waarde? Ik stel voor: een toestand, gesteldheid, kwaliteit of gezindheid die duurzaam is en het streven naar de verwezenlijking of het bezit ervan waard. Sommige waarden zijn basaal ten opzichte van andere. Orde is zo'n 'grondwaarde': ze vertoont zich in regelmaat, consistentie, stabiliteit, perfectie; op het menselijk vlak ook in kwaliteiten die welslagen bevorderen en om wilskracht vragen: geduld, volharding, trouw, zelfbeheersing, zorgvuldigheid. Vanouds gelden vooral goedheid, waarheid en schoonheid als basale waarden. Goedheid manifesteert zich in bijvoorbeeld liefde en oprechtheid; waarheid in zuiverheid en eerlijkheid; schoonheid in proportionaliteit, harmonie, aantrekkelijkheid. Een veelomvattende grondwaarde is ook welbevinden: vrijheid, vrede, veiligheid, geluk, gezondheid vallen eronder. Sommige waarden laten zich niet onderschikken. Een voorbeeld daarvan is humor. Waarden kunnen met andere waarden affiniteit hebben. Belangstelling bijvoorbeeld past bij liefde, liefde tot een mens, een levend wezen, een zaak. Een waarde kan ook verbonden zijn met meer dan één basale waarde. Oprechtheid bijvoorbeeld, ethisch van aard, staat ook in betrekking tot waarheid. Trouw en geduld kunnen zowel onder orde als onder goedheid worden gerangschikt.

Waarden vertegenwoordigen onder verschillende aspecten, dus elk op eigen wijze, het goede in onze werkelijkheid; ze zijn vormen daarvan. Niet alles is waarde, en dus goed, wat als zodanig kan worden ervaren. Macht en stoffelijk bezit worden soms ervaren als waarden. Ze zijn dat ook in bepaalde structuren en situaties, maar ze zijn het niet in zichzelf, naar hun wezen; de ervaring kan hier dus bedrieglijk zijn. Wanneer anderzijds waarde met onwaarde is vermengd – wat vaak het geval is –, wist dat de waarde niet uit. Soms wordt een waarde voor iets van onwaarde ingezet. Al tast zulk misbruik de waarde zelf niet aan, ze perverteert haar wel in haar werking: de waarde vertoont zich niet naar haar wezen. Soms komt uit iets van onwaarde iets van waarde voort; het onwaardige wordt daarmee niet zelf iets van waarde.

De ervaring van waarde kan verschillend zijn. Er zijn waarden, zoals welbevinden en orde, die door ieder gelijk, of in belangrijke mate gelijk, worden ervaren en meestal ook als waarde worden erkend; de essentie ervan is duidelijk en onbetwist. Daarnaast zijn er waarden waar veel mensen besef van hebben of zin, gevoel voor hebben, die zij in het algemeen ook erkennen, echter zonder ze op dezelfde wijze te ervaren. Zij erkennen ze als waarden die in essentie hun ervaring te boven gaan. Waarheid, schoonheid en goedheid zijn zulke 'transcendente' waarden. Vaak zijn het juist deze waarden waaraan mensen zich willen binden.

Heeft het bestaan zelf waarde? Heeft het leven zin? In de vorige paragraaf is betoogd dat onze wereld in heel haar ontwikkeling potentieel gevat ligt in een transcendent oerbestaan. Is dat juist, dan is het tijdruimtelijk bestaan geen blinde aaneenschakeling van pure toevalligheden. Het feit dat een bestaanswijze de basis kan zijn voor het ontstaan van een nieuwe bestaanswijze (§ 6), wekt bovendien de indruk dat de kosmische ontwikkeling ergens op is gericht. Is zij ergens op gericht, dan is zij ten opzichte van het oerbestaan niet betekenisloos, niet zonder zin. En ook het bestaan waarin de ontwikkeling zich voltrekt, is dan niet zonder zin.

8. Goedheid als middel

In de mensenwereld neemt onder de basale waarden goedheid een bijzondere plaats in. Veel menselijke activiteiten hebben immers een ethisch aspect, en de manier waarop iemand in het leven staat, wordt in belangrijke mate bepaald door zijn of haar ethische opstelling. Voor goedheid geldt, evenals voor andere waarden, dat niet elk mens zijn leven eraan kan wijden. Maar wel kan in principe elk mens zich eraan binden, en op allerlei manieren kan aan de binding vorm worden gegeven. Binding, onvoorwaardelijk en duurzaam, is van dezelfde aard als toewijding. In de binding aan het ethisch goede kan, even volkomen als in toewijding, waarde worden ervaren – en dus zin.

Maar hier doet zich een probleem voor. Is het ethisch goede wel werkelijk een waarde, dat wil zeggen: een zelfstandige waarde? Niet ieder blijkt die mening te zijn toegedaan. Utilisten zoeken de betekenis van het ethisch goede buiten het ethische, namelijk in een nut. Als ethisch juist beschouwen zij dat handelen dat het meeste genoegen en geluk teweegbrengt en het minste ongenoegen en verdriet. In toegespitste formulering: het gaat in ethiek om zoveel mogelijk geluk voor zoveel mogelijk mensen. Deze zienswijze is een vorm van consequentialisme, de denkrichting die de ethische rechtvaardiging van een actie zoekt in de gevolgen ervan: goed is dat handelen dat een goede uitkomst oplevert.

Het utilisme ontzegt het ethisch goede de status van zelfstandige waarde. Dat lijkt ook de zogenoemde evolutionaire ethiek te doen, wanneer die de moraliteit verklaart uit biologische noodzaak. De evolutie, zo wordt gesteld, voltrekt zich in een voortdurende competitie. Drang tot overleving is steeds de drijfveer. Die organismen of groepen die zich aan de omstandigheden het best aanpassen, hebben de meeste kans op overleving, hebben vaak ook de meeste nakomelingen, en oefenen bijgevolg op verdere ontwikkelingen de meeste invloed uit. Indien of in zover de natuur selecteert op families of op groepen, is het

belangrijk dat de leden ervan samenwerken. Alleen als de groeps-
leden zich coöperatief opstellen, kan de aanpassing slagen en de
groep voortbestaan. In de natuur is samenwerking in allerlei vormen te zien. In kolonies van sociale insecten, met taakverdeling
tot in de voortplanting, is ze alles bepalend. Zoogdieren kunnen
samenwerken in territoriumverdediging, voedselvoorziening en
zorg voor de jongen. Coöperatie vraagt om goede onderlinge
verhoudingen en bereidheid elkaar bij te staan, en hier vindt
dan – zo neemt men aan – onze moraliteit haar oorsprong. Ook
het ontstaan van de zin voor rechtvaardigheid kan zo vanuit de
noodzaak van samenwerking worden verklaard. Bekend is het
experiment, door Frans de Waal en medewerkers uitgevoerd,
waarin een kapucijnaapje weigert de beloning voor haar prestatie
te aanvaarden als zij ziet dat eenzelfde prestatie haar buurvrouw
iets beters oplevert. Wanneer een intelligent dier binnen de groep
wordt misdeeld, zal het dat pijnlijk ervaren en het zal protesteren.
Negeren de anderen het protest, dan schaadt dat de onderlinge
betrekkingen en komt de samenwerking in gevaar. De overleving
en het welzijn van de groep vereisen dat de groepsgenoten bereid
zijn tot een eerlijker, rechtvaardiger verdeling. Zo ontstaat dan
zin voor rechtvaardigheid.

Utilisme en consequentialisme hoeven er allerminst toe te
leiden dat een mens geen zin ontdekt in haar of zijn bestaan.
Wie ziet dat zijn handelen nut heeft voor anderen, kan daarin
ongetwijfeld zin ervaren. Anders staat het met de evolutionaire
ethiek in haar uiterste toespitsing. Zij die de theorie aanhangen
in deze vorm, beschouwen alles wat zou kunnen pleiten voor
de zelfstandigheid van het ethische, als rationalisatie: onder een
schijn van redelijkheid wordt de werkelijkheid toegedekt. Het
ethisch goede, zo menen zij, is een begoocheling; wat geldt als
een zelfstandige waarde, dient enkel en alleen een biologisch doel.

Opmerkelijk is in deze samenhang de zienswijze van Richard
Dawkins, auteur van onder andere 'The Selfish Gene' (1976).
Dawkins is van oordeel dat de natuurlijke selectie zich niet richt
op organismen of groepen, maar op de genen. Een eigenschap als
bijvoorbeeld lichaamslengte ontwikkelt zich volgens het erfelijk

materiaal in bepaalde genen. Tussen genen die een eigenschap vertegenwoordigen in varianten, zogenoemde allelen, bestaat competitie. Genen, of eigenlijk dus allelen, worden geselecteerd, aldus Dawkins, via de eigenschappen die zij als fenotype (verschijningsvorm) bewerken in organismen. De organismen ofwel individuen, in wier eigenschappen zich dus de selectie voltrekt, zijn in feite overlevingsapparaten (*survival machines*) voor hun genen. Dat gen of die genetische informatie waaruit het beste overlevingsapparaat resulteert, overleeft. Als een individu altruïstisch handelt, zal het dat doen jegens verwanten. Zij hebben genen die met de zijne overeenkomen, en door hen te helpen vergroot het individu de kans op overleving van eigen genen. Zijn schijnbaar onbaatzuchtige gedrag is derhalve geheel biologisch gestuurd.

9. Moraliteit en overleving

Het consequentialisme is als ethische theorie weinig geslaagd. Er is terecht tegen aangevoerd dat we niet bij voorbaat zeker kunnen zijn van de gevolgen van ons handelen, terwijl ook niet altijd duidelijk is welke gevolgen mogen gelden als goed. Daardoor kan consequentialisme ons ethisch geen duidelijke richting wijzen. In feite wordt, in ethisch opzicht, het handelen van de mens ook maar ten dele bepaald door overwegingen over de gevolgen ervan. Wie een drenkeling redt, doet dat niet zozeer met het oog op de goede gevolgen als wel vanwege een dringend appel. Het utilisme, als vorm van consequentialisme, heeft de goede gevolgen gedefinieerd als 'zoveel mogelijk geluk voor zoveel mogelijk mensen'. Geluk wordt echter bepaald door factoren die niet voor alle mensen gelijk zijn. Hoe 'zoveel mogelijk geluk' kan worden bewerkt, is dus niet zo gemakkelijk vast te stellen. De bepaling 'voor zoveel mogelijk mensen' is bovendien bedenkelijk. Het kwantitatieve ervan heeft als uiterste consequentie, dat men het geluk of zelfs het leven van een enkele mens of een minderheid welbewust mag opofferen aan dat van de meerderheid.

Consequentialisme en utilisme, die de zedelijke waarde van een daad laten afhangen van het resultaat, ontkennen de zelfstandigheid van het ethische als waarde. Dawkins doet dit nog nadrukkelijker. Empathie en hulpbetoon bestaan bij hem uitsluitend in schijn; het enige wat telt, is het overleven van genen. De genen staan bij hem centraal. Een criticus heeft evenwel opgemerkt dat Dawkins' theorie een omkering is van de feitelijke situatie: via metaforen worden genen begiftigd met wat alleen sensibele wezens aan de dag kunnen leggen (zelfzucht), terwijl sensibele wezens apparaten worden genoemd. Dawkins' zienswijze is zeker merkwaardig. Als, volgens de gangbare opvatting, genen er zijn om in organismen het functioneren van de cellen te bepalen en eigenschappen door te geven aan nakomelingen, hebben zij kennelijk een functie voor de organismen. Het omgekeerde lijkt weinig plausibel.

In haar meest radicale vormen ontkent de evolutionaire ethiek de realiteit van zaken als empathie en hulpvaardigheid. Maar voor de evolutionaire ethiek als zodanig geldt dat niet zonder meer. In gematigde vorm sluit de theorie niet uit dat goedheid, begrepen in de ethische zin, een realiteit is en zich heeft ontwikkeld tot een zelfstandige waarde.

Dat aan de menselijke moraliteit een ontwikkeling voorafgaat, lijdt op zichzelf geen twijfel. Natuurlijk is niet alles wat, voorafgaand aan deze moraliteit, ethisch kan lijken, noodzakelijkerwijs deel van die ontwikkeling. De werkster in een bijenkolonie die een bedreiger van de kolonie steekt, daardoor haar angel verliest en sterft, handelt onbaatzuchtig. Maar dat zij bewust haar leven heeft gegeven voor haar volk, valt moeilijk aan te nemen. Haar gedrag is eerder een reflex, haar altruïsme kan biologisch worden begrepen. Dieren begiftigd met intelligentie kunnen daarentegen blijk geven van altruïsme dat psychologisch mag heten. Niet dat zij, anders dan mensen, er steeds toe geneigd zouden zijn. Want ook de menselijke neiging om de bevrediging van verlangens voorrang te geven op het ethisch besef, heeft haar voorgeschiedenis. Wanneer een dier zijn soortgenoot een valse indruk geeft van de vindplaats van voedsel, bemint het kennelijk zichzelf meer dan de ander. Machtsbegeerte, wreedheid en zinloos geweld zijn intelligente dieren – dieren met een relatief grote intelligentie – vaak ook niet vreemd. Maar dit alles sluit altruïsme niet uit. Een dier dat, zoals dikwijls gebeurt, alarm slaat bij nadering van een vijand en zo zijn positie verraadt, zet zijn leven op het spel ten behoeve van de groep; zijn actie toont zorg en belangeloosheid. Ook op het individuele vlak kunnen dieren zorgzaam zijn en onbaatzuchtig. Vooral voor zoogdieren geldt dat; zij zijn ook in staat warmte te geven. Apen blijken vaak soortgenoten te troosten en te helpen, ook soortgenoten die geen familie zijn, en zelfs niet-soortgenoten. Het is gedrag dat altruïsme laat zien, empathie suggereert en psychologisch kan worden begrepen.

De vraag is nu: is zulk altruïstisch gedrag, en in het algemeen het hulpbetoon binnen een groep, inderdaad ontstaan uit de noodzaak tot samenwerking en dus uiteindelijk uit de drang tot overleving? Zelf denk ik dat de samenwerking en het hulpbetoon het ethisch goede al veronderstellen. Tot dit oordeel brengen mij de volgende overwegingen. In ethische goedheid is empathie, het zich kunnen te verplaatsen in de gevoelens van een medeschepsel, iets essentieels. Empathie is er in beginsel wanneer dieren elkaar herkennen als soortgenoten en in de soortgenoot iets herkennen van zichzelf en de eigen ervaring. Zoals het dier dan voor zichzelf 'weet' (voelt) wat het zal ervaren wanneer het kwaad ondergaat en in zijn bestaan wordt bedreigd, zo 'weet' het dat ook voor de soortgenoot. Dit 'weten' schept verbondenheid. Het stimuleert om voor soortgenoten, zowel als voor zichzelf, het goede na te streven — wat ertoe leidt dat dieren zich als groep aaneensluiten om samen te overleven. Ethische goedheid, zich uitend in empathie, zet het proces in gang, en dus is, denk ik, deze goedheid niet een vrucht van de samenwerking in de groep, maar de basis ervan.

In haar meest basale vormen wordt ethische goedheid gekenmerkt door innerlijke zekerheid. In deze zekerheid manifesteert ze zich als een oorspronkelijke, onherleidbare, zelfstandige waarde.

10. Ontwikkeling van de moraliteit

De mens is, hoe men het wendt of keert, onder de levenden iets bijzonders. Hoe weet de mens van goed en kwaad? Men heeft wel gemeend dat hij als redelijk wezen al denkend tot dat weten is gekomen. Die opvatting is niet erg plausibel. Verstand is begrip van wat is, niet – althans in principe niet – van wat behoort. Dat ik een ander niet moet aandoen wat ik zelf niet wil ondergaan, is geen stelling van de logica. Maar kan het eigenbelang, doordacht en welbegrepen, geen ethiek scheppen? Een berekenende ethiek kan het scheppen, geen ethiek die laat zien wat werkelijk goed is of verkeerd. Bovendien, als een begin van moraliteit er al was voordat de mens het toneel betrad (§ 9, 10), dan is het weinig aannemelijk dat bij hem de moraliteit op een geheel nieuwe manier tot stand is gekomen. Ongetwijfeld heeft de menselijke moraliteit haar plaats in een ontwikkeling die lang voor de mens is begonnen. Wel roept ze bij hem, als hij gaat nadenken, allerlei vragen op. Wanneer kan gedrag goed worden genoemd? Is het goed als het goede gevolgen heeft? Of is het goed als het voldoet aan ethische waarden? In hoeverre mogen wij bij onze beslissingen emotie laten meespreken? Mag een mens in sommige gevallen, om goed te handelen, afgaan op haar of zijn intuïtie? Alleen de mens heeft dergelijke vragen.

11. Ethisch besef

Eigenschappen die het voltooide ethisch besef aankondigen, zijn, zoals we zagen, altruïsme, empathie en zin voor rechtvaardigheid. In de menselijke moraliteit zijn deze eigenschappen elementair en al vroeg in het mensenleven, normaliter door opvoeding en cultuur ook gestimuleerd, beginnen zij zich aan te dienen. Empathie openbaart zich al in de kleuterleeftijd. Ze moet worden ontwikkeld, wordt door de culturele omgeving beïnvloed, maar is in de kiem niet aangeleerd. Voor altruïsme geldt hetzelfde. Ook de zin voor rechtvaardigheid is bij de mens elementair. Dat is misschien het best te demonstreren aan het geval van een jongen die laat in de 18e eeuw werd gevonden in de bossen van Languedoc; François Truffaut maakte een film over hem. Deze jonge 'wilde' die, opgegroeid buiten elk menselijk contact, geen spraak en taal meer kon leren en dus geen denkvermogen had ontwikkeld, accepteerde straf. Maar toen hij een keer onterecht bestraft werd, protesteerde hij heftig. De jongen voelde zich oneerlijk behandeld. Het elementaire karakter van het rechtvaardigheidsgevoel blijkt ook uit beelden die menselijke hersenen vertonen bij een oneerlijke afspraak. Ze kunnen duiden op spontane afwijzing, ook bij personen in wier voordeel zo'n afspraak zou zijn. Interessant is, dat bij deze reactie niet de voorste hersenschors, nauw betrokken bij het denken, allereerst oplicht, maar de amandelkern, een gebied dat reageert met emotie.

De mens kan goed en kwaad verwoorden. Aan vormen van goedheid geeft hij namen: liefde, mededogen, hulpvaardigheid, vergevingsgezindheid, vriendelijkheid, verdraagzaamheid, eerlijkheid, oprechtheid, trouw, vredelievendheid, geduld, rechtvaardigheid, gemeenschapszin, moed. En hij heeft weet van wat hiermee in samenhang staat: schaamte over het falen, schuldbesef. Ook verbindt hij het ethische met het esthetische en vindt gedragswijzen die aangenaam zijn in het sociale verkeer: beleefdheid, welgemanierdheid, bescheidenheid, voorkomendheid, hoffelijkheid.

12. Oorsprong, waarde en zin

Onze wereld met alles wat die omvat is, zoals we eerder zagen, geboren uit een transcendente oorsprong, van waaruit zij zich ook heeft ontwikkeld (§ 3, 6). Tot onze wereld behoort de ervaring van waarde. Ook waarde is geboren uit de oorsprong, om zich dan vandaaruit te ontwikkelen. Ik ga, in aansluiting op wat al is gezegd over waarde en zin (§ 7), hier nader op in en geef daarbij eerst en vooral aandacht aan de drie 'klassieke' waarden, samen veelomvattend en ideaal van volkomenheid: waarheid, schoonheid en goedheid.

De zin voor het ware, zo hebben we gezien, is iets natuurlijks. Eerlijkheid en bedrog komen al onder dieren voor, het weten van waarheid en leugen is geen verworvenheid van de mens. Ook het gevoel voor schoonheid moet, in elementaire vorm, een natuurlijk gegeven zijn. Was het dat niet, dan zou moeilijk zijn te begrijpen hoe het zich cultureel heeft kunnen ontwikkelen. Evenzo maakt het ethisch besef deel uit van ons wezen. Tegen spanning en agressie in vertoont het zich soms onverwacht; bij alle kwaad dat wordt bedreven, ligt het toch op de bodem van het mens-zijn.

Onder mensen verliezen deze waarden hun eenvoud; verschillen in plaats, tijd, cultuur en geaardheid bewerken verschil in beleving en inzicht. Wanneer kan met zekerheid worden gesteld dat iets goed is, of waar, of mooi? Over 'mooi' lopen de meningen ver uiteen. Wat goed is of verkeerd, is niet in elke situatie zonneklaar en de opvattingen daarover verschuiven ook. Wat waarheid betreft: als mensen gebeurtenissen, situaties, hoedanigheden verschillend kunnen ervaren, wat kan dan gelden als waarheid? Waarden worden transcendent, de mens reikt ernaar. Wat echter blijft, is het besef dat iets goed of kwaad, waar of onwaar, mooi of lelijk *kan* zijn. Besef van iets, of zin, gevoel voor iets, is meer dan een mening of een vermoeden: het is een zich bewust zijn van iets dat, al wordt het misschien verschillend begrepen of ervaren, toch werkelijk bestaat, dus niet maar is bedacht of afgesproken. Transcendente waarden bestaan dus inderdaad. Hoe? Zij bestaan, potentieel en naar hun ware aard, in de oorsprong. We kunnen bovendien aannemen dat niet alleen de 'klassieke' waarden op deze wijze bestaan, maar andere echte waarden, zoals orde en welbevinden, evenzeer.

Biedt dit betoog de wiskundige zekerheid van een sluitend bewijs? Zo'n zekerheid biedt het niet. Het berust immers op betwistbare noties: transcendente oorsprong, ervaring, besef. Een transcendente oorsprong is niet waarneembaar; positivisten ontkennen dat we ervan kunnen weten. Ervaring is subjectief en soms bedrieglijk. Besef, als in het betoog bedoeld, kan utilistisch worden verklaard als iets waar wij nu eenmaal niet zonder kunnen. Ervaring en besef – een vorm van ervaring – kunnen niettemin zekerheid bieden, een eigensoortige zekerheid. Heel duidelijk geldt dat voor het ethisch besef. Iets wat we doen of zien doen of waarvan we horen, kan naar ons besef ethisch onmiskenbaar goed of kwaad zijn. Maar ook met betrekking tot bijvoorbeeld welbevinden kan de ervaring van goed of kwaad zich overtuigend voordoen.

Waarden zijn laatste waarheden; is de oorsprong ondoorgrondelijk, dan liggen ze buiten ons bereik. Het bij uitstek essentiële ligt echter vaker buiten ons bereik. Voor de werkelijkheid zelf, als feitelijkheid, geldt dat al. Dat hetgeen ik als werkelijkheid ervaar, ook bestaat buiten mijn geest, is niet wiskundig zeker. Maar het is zeer aannemelijk (mijn gebruik van taal, zo is opgemerkt, veronderstelt eerdere gebruikers). Dat waarden, als potentieel in de oorsprong besloten, realiteiten zijn, is evenzo zeer aannemelijk – althans voor wie het positivisme verwerpt. Immers, bevond zich in de oorsprong 'achter' de potentiële waarden de potentiële afwezigheid van waarden, de oorsprong zou innerlijk tegenstrijdig zijn. Tegenstrijdigheid in de oorsprong zou, denk ik, de ontwikkeling van de kosmos hebben belemmerd of zelfs verhinderd. In feite heeft de kosmos zich voluit ontwikkeld.

13. Het kwaad

Als er reden is om te denken dat het bestaan zin heeft (§ 7), hoe verhoudt zich dan de zin van het bestaan tot het kwaad?

Met geen redenering laat het kwaad zich ontkennen. Er is gezegd dat het onderscheid tussen goed en kwaad in God is opgeheven. Er is gezegd dat dit onderscheid niet meer dan een menselijk bedenksel is. Er is gezegd dat kwaad eenvoudig het ontbreken van het goede is. Het zijn ideeën die ons weinig verder helpen zolang aan lichaam en geest allerlei soorten van kwaad, fysiek en moreel, pijnlijk worden ondervonden. Spreken we van 'onderscheid tussen goed en kwaad', dan is dat een simplificatie. Iets kan in zeker opzicht goed, in ander opzicht verkeerd of schadelijk zijn, en de ervaring van goed en kwaad kan bij mensen onderling verschillen. Maar de fundamentele notie dat geluk verschilt van ongeluk en goed doen van kwaad doen, verdraagt geen ontkenning. Dus, als het kwaad er is, hoe kan het zin hebben? Wat voor waarde valt toe te kennen aan onrecht en lijden? Een bevredigend antwoord is niet te geven, het probleem leent zich daar niet voor. Het fysieke kwaad oogt zelden zinvol en is meestal moeilijk te aanvaarden; het ethische kwaad is altijd onaanvaardbaar. Toch valt er wel iets te zeggen – ik denk, het volgende.

Onze wereld is een werkelijkheid van begrenzingen en beperkingen, begin en einde, worden en vergaan, van het onberekenbare (toeval) en het onverwachte. In zo'n werkelijkheid is het kwaad onvermijdelijk. Onvermijdelijk is allereerst het fysieke kwaad, het kwaad van tegenslag, ziekte, gebreken, dodelijk natuurgeweld, verlies. Alles wat ervaring kent, treft het, de mens als hoogontwikkeld schepsel misschien het hardst. Onvermijdelijk is ook het morele kwaad. Want de mens is als tijdruimtelijk wezen per definitie beperkt, dus feilbaar. En er is meer. Aangeboren eigenschappen, combinaties daarvan, stoornissen, een gebrekkige opvoeding, een schadelijke leefomgeving kunnen ethische risico's met zich meebrengen. Macht en bezit verwekken vaak afgunst en wrok, machtigen misbruiken gemakkelijk hun positie. Ideeën en theorieën bewerken soms haat, wreedheid, misdadigheid. In veel kwaad speelt agressie een rol. Evolutionair, met betrekking tot overleving en sociale ordening, is agressie functioneel; ze kan het individu ook helpen in het leven staande te blijven. Maar bij ontsporing, in allerlei situaties, brengt ze rampen teweeg.

De mens kan het kwaad inperken. Binnen een goede cultuur kan moreel kwaad worden teruggedrongen, en veel fysiek kwaad is bedwongen met de hulp van moderne technieken. Niettemin zal in een werkelijkheid van beperkingen de mens wel steeds weer met het kwaad geconfronteerd worden. Is er een aantrekkelijk alternatief? Als het kwaad, tezamen met chaos en dreiging, volledig zou zijn overwonnen, zou het bestaan spanningsloos en vlak zijn; misschien zou het juist dan als zinloos worden ervaren. Want het is het nee dat het ja in het licht stelt als ja. De vroeg-zeventiende-eeuwse mysticus en filosoof Jakob Böhme heeft daarop gewezen: "Het nee is de tegenpool van het ja ofwel de waarheid, het zorgt dat de waarheid openbaar wordt en zich tegen iets kan afzetten." Als leugen niet bestond, zou de waarheid vanzelfsprekend zijn. We kunnen het ruimer stellen: als het kwaad niet bestond, zou het goede vanzelfsprekend zijn en niet als goed worden ervaren.

Dit geldt ook voor het goede in morele zin, dat evenwel iets toevoegt. Het moreel goede, als in het geweten ervaren, stelt de mens voor een keuze: de keuze tussen goed en kwaad, tussen handelen vanuit welgezindheid of vanuit enkel zelfzucht. Alleen in de keuze voor het goede kan het goede worden verwezenlijkt. Was het moreel kwade er niet, die keuze was niet mogelijk. Dus is het moreel kwade, hoewel wij het als zinloos ervaren, niet zinloos in zichzelf. Het moreel goede dankt er niet alleen zijn kenbaarheid aan, maar ook zijn bestaan.

14. Mens en werkelijkheid

Door onderzoek en bezinning kan de mens iets te weten komen over het bestaan. Maar ten diepste is het bestaan een mysterie. Hoe het er kan zijn, weten we niet, het onttrekt zich aan het menselijk begrip. Waarom de dingen gaan zoals ze gaan, weten we evenmin. Ongeluk en ziekte treffen de mens, de dood komt onvermijdelijk. Het bestaan kan uitzichtloos lijken, doelloos. Hoe vinden wij onze weg erin?

Religies interpreteren het bestaan en wijzen de mens een plaats en een taak. Maar hun positie wordt, althans in de westerse wereld, bedreigd door wetenschap en cultuur. De filosofie heeft zich hier al lang losgemaakt van de theologie. De natuurwetenschap laat een wereldbeeld zien dat haaks staat op dat van heilige geschriften en religieuze tradities, terwijl zij in ontdekkingen en uitvindingen haar kracht toont. Het historisch onderzoek kijkt kritisch naar wat ons is overgeleverd en ontziet daarbij de heilige geschriften niet. Ook komt de cultuur in een fase waarin zij niet alle godsdienstige opvattingen en gebruiken nog acceptabel vindt. Als een maatschappelijke bovenlaag de traditie niet meer verdedigt, kan een samenleving er snel van vervreemden. Wel probeert men de godsdienst met de eigen tijd te verzoenen. Nieuwe vormen worden gevonden, teksten worden geherinterpreteerd, humanitaire noties in die teksten worden beklemtoond, het geloof verandert. Maar dat alles houdt, althans in het Westen, de secularisatie niet tegen.

Intussen vertegenwoordigen religies nog altijd belangrijke waarden. Ze geven het leven warmte en kleur door te spreken van bedoeling en bestemming. Ze zijn hoeders van morele normen die vaak uit eeuwenlange ervaring zijn geboren. Ze begunstigen gemeenschapszin en onderlinge zorg. Ze scheppen saamhorigheid rond woorden, verhalen, symbolen en riten, die uitdrukken wat samenbindt en bezielt en die in de generaties worden doorgegeven. Ze vragen ontzag voor het transcendente, voor wat de mens en zijn begrip te boven gaat. Ze voeden op tot afhankelijkheidsbesef, tot besef van de menselijke kleinheid en het menselijk tekort, tot deemoed.

Weinig hiervan kan worden gemist. Wat is de kern? Ik denk: de notie dat de werkelijkheid ons begrip zeer te boven gaat en dat de mens, met al zijn vermogens, uiteindelijk volstrekt afhankelijk is. Waar menselijke mogelijkheden ten einde zijn, de vergankelijkheid onverbiddelijk voor ons staat, biedt overgave zich aan. Overgave waaraan? Aan de uiteindelijke werkelijkheid – voor velen God. Mensen vertellen hoe zij de overgave hebben ervaren, soms volkomen onverwachts, in extreme situaties. Overgave is aan extreme situaties niet gebonden: zij kan bij wisselende omstandigheden en stemmingen en bij allerlei inspanningen een onderliggende houding zijn. Ze is ook niet bij ieder mens hetzelfde. Voor sommigen is ze mystieke beleving, voor anderen een ervaring van geborgenheid of een geschenk van rust. Ze is ook geloof in de zin van het bestaan. Woorden waarin ze tot uitdrukking wordt gebracht, zijn: aanvaarding, overgave, verzoening, vertrouwen.

Het vertrouwen, zo geloof ik, is niet ongegrond. Want de werkelijkheid is anders dan we vaak denken.

15. Subject, ervaring, innerlijk, geest

Wat leeft, onderscheidt zich van het levenloze onder andere daardoor, dat het gevoelig is voor prikkels en erop kan reageren. Reactie op prikkels bestaat al bij eencelligen. Planten reageren op prikkels verschillend, vaak kunnen zij zich tegen hun omgeving beschermen en verweren. De prikkelbaarheid van eencelligen en planten is geen ervaring, hun reacties zijn geen verrichtingen. Prikkelbaarheid en reactiviteit zijn in deze organismen – tezamen met stofwisseling, groei en voortplanting – functies van het leven. De organismen en hun bestaanswijze zijn dan ook object van de biologie en voor observatie toegankelijk.

Uit hetgeen prikkelbaarheid en reactiviteit mogelijk maakte, hebben zich in bepaalde soorten van organismen zintuigen en een zenuwstelsel ontwikkeld en vaak ook, als centralisatie van het zenuwstelsel, een brein. In het zenuwstelsel wordt – vermoedelijk pas als het brein ontstaat, en dan ook *in* het brein – ervaring verwezenlijkt, een bestaanswijze die in de ouderlijke lichaamscellen van geslachtelijk zich voortplantende organismen potentieel was (§ 6). Bij de verwezenlijking van ervaring gaat de biologische werkelijkheid van prikkelbaarheid en reactiviteit over in een psychische werkelijkheid van indrukken, gevoelens en – ervaren – reactievermogen. Zintuigen transformeren interne of externe prikkels tot bijvoorbeeld honger, pijn, lust, bevrediging, geluid, licht. Bezintuigde organismen zijn al spoedig in staat op die indrukken en gevoelens – of, als gevoel zich lichamelijk uit, emoties – actief te reageren. Indrukken en gevoelens kunnen, zeker als ze zich herhalen, in het brein worden bewaard, zodat het subject ze zich kan herinneren en kan herkennen. De opeenvolging van bepaalde indrukken en gevoelens kan evenzo worden bewaard; het subject herinnert ze zich als gebeurtenis.

Ervaring is niet te vatten in biologische categorieën. Zomin als het leven een product of functie is van levenloze stof, is de ervaring product of functie van de hersenen – ik kom hier nog op terug. Ervaring is een eigensoortige bestaanswijze, geboren in de biologische bestaanswijze (§ 6). De nieuwe bestaanswijze vervangt niet de vorige: die is er integendeel inherent aan. Zoals de stoffelijke bestaanswijze inherent is aan de biologische, zo is de biologische bestaanswijze inherent aan die van de ervaring. Zonder de biologische bestaanswijze is in onze wereld geen ervaring mogelijk.

Ervaring is als begrip uiteraard een abstractie. Spreken we echter van 'mijn ervaring', 'jouw ervaring', dan betreft dat een concrete werkelijkheid. Ervaring kan er niet zijn zonder subject van ervaring. Omgekeerd kan het subject er niet zijn zonder de ervaring: alleen als ervarend subject kan het voelen, willen, handelen. Misschien kunnen we zeggen dat subject en ervaring twee aspecten van dezelfde werkelijkheid zijn. De onlosmakelijke verbondenheid van subject en ervaring impliceert dat de twee samen zijn ontstaan, en ook dat, als eerder aangeduid, het subject nooit buiten zijn ervaring kan treden (§ 12).

Ervaring, hoe concreet ook, is niet iets dat zintuiglijk kan worden waargenomen, ze is onstoffelijk. Dat een organisme erover beschikt, kan van buitenaf wellicht uit bepaalde uitingen worden afgeleid, maar alleen in de ervaring zelf worden vastgesteld. Omdat de ervaring onstoffelijk is, is ook het subject onstoffelijk. Stel, de neurowetenschap neemt in menselijke hersenen de aanwezigheid van sterke emotie waar: het subject in zijn geëmotioneerdheid – vorm van ervaring – zal zich aan de waarneming onttrekken. Door hun onstoffelijkheid onderscheiden ervaring en subject zich fundamenteel van het zenuwstelsel en het brein.

Als zenuwstelsel en zintuigen zich verder ontwikkelen, leidt dat tot verrijking van het leven. Nieuwe gevoelens komen tot ontwikkeling, gevoelens als boosheid, afgunst, vrolijkheid, genegenheid, verdriet, teleurstelling, neerslachtigheid, schaamte, spijt, ergernis, weemoed. In oorsprong zijn de gevoelens reacties – psychische reacties – op situaties. Er zijn veel soorten van situaties, dus ook veel soorten van gevoelens. Het karakter van een individu bepaalt met wat voor gevoel het op een situatie reageert. Overigens kan in – denk ik – hogere organismen een gevoel er ook zijn zonder aanwijsbare oorzaak. Behalve nieuwe gevoelens ontwikkelen zich nieuwe vermogens: in vervolg op het reactievermogen ('reactie' hier als activiteit) ontstaan weerstandsvermogen, aandacht, onderscheidingsvermogen, inzicht, voorstellingsvermogen (fantasie), keuzevrijheid, taalvermogen, denkvermogen. In het evoluerende leven moeten de verschillende gevoelens en vermogens zich geleidelijk en na elkaar hebben gemanifesteerd en, deels in onderlinge wisselwerking, ontplooid. Bij de vermogens gaat het successieve ontstaan samen met gelaagdheid. Intelligentie bijvoorbeeld veronderstelt aandacht, denkvermogen berust op taalvermogen. Levende wezens beschikken over vermogens naar de mate van hun ontwikkeling. Binnen een soort (*genus*) kunnen bij dezelfde ontwikkeling de gevoelens en vermogens nog weer verschillend over de individuen verdeeld zijn. Bij de voortgang van de evolutie zijn het, naast de lotgevallen van het individu, wel vooral deze verschillen die in toenemende mate verscheidenheid van geaardheid bewerken. De individuele geaardheid ofwel het karakter van een levend wezen is vervolgens, zeker vanaf een bepaalde fase in de evolutie, bepalend voor de wijze waarop het dingen ervaart. In het brein is het karakter stoffelijk. In de ervaring, en dus in het subject – dat immers met de ervaring één is –, is het onstoffelijk. Overeenkomstig zijn karakter handelt het subject.

Ervaring impliceert in beginsel bewustzijn. Dat de twee niet simpelweg samenvallen, is te constateren wanneer de ervaring, opgeroepen door bijvoorbeeld het lezen van een boeiende roman, een andere ervaring, bijvoorbeeld de gewaarwording van een geluid, verhindert door te dringen tot het bewustzijn. 'Bewustzijn', afkomstig van het Duitse *wissen*, duidt op weten, of liever een vorm van weten: het subject 'heeft weet' van de werkelijkheid voor zover het die ervaart, heeft ervaren of anderszins kent. Bewustzijn kan er zijn in verschillende mate. Waar leven nog zeer jong is, is – denk ik – het bewustzijn beperkt en heeft het schepsel ook nauwelijks zelfbewustzijn, identiteitsbesef. Waar leven zich verder ontwikkelt, neemt het bewustzijn geleidelijk toe en groeit ook het zelfbewustzijn. Wanneer taal ontstaat, komt dit bewustzijn tot voltooiing: de mens gaat zichzelf ervaren als 'ik'. De geleidelijke toename van het bewustzijn bewerkt, in combinatie met de uitbreiding van gevoelens en vermogens, intensivering van de ervaring.

Het subject ontvangt indrukken via het brein en staat met het brein in direct contact. Binnen die betrekking heeft het gevoelens, herinneringen, voorstellingen, kennis, inzicht. Hoe kan het subject via het brein indrukken ontvangen? Hoe kan het met inhouden en mogelijkheden van het brein in contact staan? Het kan dat doordat het zelf in het brein wordt verwezenlijkt en vandaaruit functioneert.

Het contact tussen brein en subject verloopt op verschillende manieren. Bepaalde herinneringen en gevoelens manifesteren zich in bepaalde situaties soms spontaan. Kennis, en ook herinneringen, kunnen worden geactiveerd. Taal staat in principe direct ter beschikking.

Met inzicht is het soms nog weer anders gesteld. Wat is inzicht? Een dier geeft er blijk van wanneer het iets herkent als voedsel of als een gevaar en adequaat erop reageert. Inzicht is hier dus het verbinden van een zaak of een situatie met een herinnering of met kennis die het dier heeft. Het dier activeert de herinnering of kennis doorgaans onmiddellijk en legt meteen de verbinding: het heeft direct inzicht. Zulk inzicht reikt vaak ver: vanuit direct inzicht kan een intelligent dier zelfs op gecompliceerde of te verwachten situaties adequaat reageren. Direct inzicht heeft ook de mens, maar bij hem is het niet altijd toereikend; niet altijd kan hij hetgeen hij wil begrijpen direct met een herinnering of met voorhanden kennis verbinden. Vaak moet hij het gewenste inzicht al denkend zien te bereiken.

In fantasie is het contact tussen brein en subject specifiek van aard. Het brein, met zijn associatievermogen, kan in het subject voorstellingen wekken van allerlei aard. Het subject, van zijn kant, kan 'zijn fantasie laten werken', voorstellingen oproepen en ze gebruiken bij bijvoorbeeld het ontwikkelen van gedachten, denkbeelden, plannen. Fantasie is vermoedelijk een typisch menselijk vermogen.

Ook in de droom is het contact tussen brein en subject specifiek. Het subject, althans het menselijk subject, is zich in dromen meestal van de werkelijkheid zoals het die wakend beleeft, niet bewust; de discipline ervan ontbreekt. Het inzicht is echter intact. Het brein wekt in de droom beelden en belevenissen, die het vaak verbindt tot een – dikwijls onsamenhangend – verhaal. Het subject, meestal zelf erbij betrokken, ervaart het verhaal doorgaans als werkelijkheid. Het heeft het er gevoelens en gedachten bij zoals het die zou hebben in waaktoestand – ook wanneer het verhaal ongewoon is, ontstellend, curieus, absurd. Want het subject is in de droom zichzelf. Evenals in waaktoestand is het in zijn of haar handelen dus ook vrij.

Een bijzondere vorm van ervaring is de buitenzintuiglijke waarneming. Mensen nemen soms zaken waar die, in de ruimte of in de tijd, buiten het normale bereik van hun zintuigen liggen. De meest aannemelijke verklaring van zulke ervaringen is mijns inziens, dat ze tot stand komen via het ruimte- en tijdloze. Een verwant verschijnsel is dan de 'bijna-doodervaring', waarin iemand, vaak samen met natuurlijke zaken, iets schijnt te ervaren van de oorsprong zelf.

Veel van het hier besprokene betoog raakt aan het lichaam-geest-probleem. Over dit probleem, nader wel geformuleerd als probleem van de relatie tussen hersenen en bewustzijn, is veel nagedacht. Een oplossing is niet gevonden. Mijns inziens wordt de relatie het meest bevredigend verklaard door de onderstelling dat een bestaanswijze in een bepaalde structuur (bepaalde structuren) de basis kan zijn voor een andere bestaanswijze (§ 6): we kunnen dan zeggen dat in het lichaam, namelijk in de hersenen, de ervaring ('het bewustzijn') potentieel is. Deze verklaring kan ook verduidelijken hoe, bij geslachtelijke voortplanting, de 'geest' (of 'ziel') aan nakomelingen wordt doorgegeven. In de lichaamscellen van een organisme, zo zagen we, is de bestaanswijze van de ervaring, en daarmee het subject, naar de aard van het organisme potentieel aanwezig (§ 6). Wanneer bij de conceptie geslachtscellen, mannelijk en vrouwelijk, samensmelten, is in beginsel de verbinding van lichaam en subject in een nieuw organisme een feit.

16. Keuzevrijheid

Levende organismen, dus ook de mens, reageren op situaties.
Dat de mens evenals zijn medeschepselen kan reageren vanuit
natuurlijke neigingen, is duidelijk. Maar meestal neemt men
aan dat hij vanwege feiten en normen zulke neigingen ook – in
beginsel – kan weerstaan. De mens heeft keuzevrijheid. Hoe zou
hij ook daarzonder voor zijn daden verantwoordelijk kunnen
worden gesteld.

Toch wordt deze keuzevrijheid soms ontkend. Kunnen we feiten
en normen die reden zijn om op een bepaalde wijze te handelen,
niet evengoed als oorzaken begrijpen? Nee, dat kunnen we niet.
Het komt immers voor dat we door na te denken ook andere
feiten en andere normen laten wegen dan de in eerste instantie
beslissende, en op grond daarvan een andere handelwijze volgen
dan de eerst gekozene. Maar zijn het dan niet die andere feiten
of normen die de verandering hebben bewerkt en dus als oorzaak kunnen gelden? Nee, toch niet. Want wat ons tot de andere
handelwijze heeft gebracht, zijn niet die feiten of normen. Wij,
die ze al denkend in onze overwegingen betrokken, zijn het zelf.

De keuze voor een handelwijze vereist inzicht in de situatie
waarin moet worden gehandeld. Intelligente dieren, zagen wij,
kunnen op situaties, ook gecompliceerde of te verwachten situaties, reageren vanuit direct inzicht (§ 15). Interessant is, dat zij
in bepaalde situaties kunnen aarzelen tussen 'ja' en 'nee' of tussen
'nu' en 'nog niet'. De aarzeling lijkt te duiden op een spanning
tussen twee neigingen. Geeft het dier aan één van de twee toe,
dan manifesteert zich daarin, denk ik, een keuze die, op inzicht
gebaseerd, een begin van keuzevrijheid inhoudt. Taal heeft de
keuzevrijheid pas goed tot ontplooiing gebracht. Dieren duiden
vaak zaken van het dagelijks leven – voorwerpen, situaties, emoties,
misschien ook handelingen, hoedanigheden, betrekkingen – aan
met lichaamstaal, gebaren, geluiden, of specifieke reeksen daarvan. De mens leert ze aan te duiden met een verscheidenheid van

klanken in vaste verbindingen, ofwel met woorden. Toen woorden werden verbonden tot zinnen, ontstond taal. De ontwikkeling ervan heeft zich waarschijnlijk voltrokken in wisselwerking met die van het lichaam, in het bijzonder de hersenen. Dankzij zijn taalvermogen beschikt de mens over inzicht dat het inzicht van andere levende wezens zeer overtreft. Taal stelt de mens in staat situaties in bijzonderheden te beschouwen en erover na te denken. Ook de mens kan voor een handelwijze kiezen op grond van direct inzicht (§ 15). Maar daarnaast kan hij kiezen op grond inzicht dat denken hem verschaft. De vraag is nu: is die keuze vrij? Is denken geen activiteit van de hersenen?

Wat is in concreto denken? Vaak is het een innerlijke monoloog. Die kan op van alles betrekking hebben: op de activiteit of situatie van het moment; op een mens; op iets wat we hebben gehoord, gezien, gelezen; op een herinnering, een ergernis, een belofte, een zorg, een teleurstelling, een verwachting. Het denken kan in deze vorm sterk herhalend zijn en getuigt dan niet van veel activiteit. Weinig activiteit is vaak ook gelegen in denken dat al associërend van het een naar het ander dwaalt. De monoloog neigt naar een dialoog wanneer we denkend reageren op gedachten van onszelf of opmerkingen van anderen; zulk denken houdt meer activiteit in. De meeste activiteit ligt wel besloten in denken dat een vorm van zoeken is: zoeken naar bijvoorbeeld een goede vormgeving, juiste bewoordingen, een efficiënte handelwijze, de oplossing van een probleem. In dit zoekend denken is het brein met zijn herinneringen, kennis en associatief vermogen van grote betekenis. Zelfs buiten het bewustzijn om functioneert het. Soms immers is iets wat wij zochten, als we er een tijdlang niet aan hebben gedacht, of na een nacht slapen, ineens beschikbaar; het brein schijnt het te hebben gevonden in zichzelf.

Toch is het zoekend denken in essentie geen activiteit van het brein. Het is een activiteit van mijzelf. Want het brein en ik, het subject, zijn twee (§ 15). Zonder de herinneringen, vermogens, kennis en taal, in het brein aanwezig en door het subject te activeren, zouden we niet kunnen denken. Het brein reikt gereedschap aan. Dat echter wijzelf, niet de hersenen, het zijn die denken, ervaren wij wanneer we in het zoekend denken verdwalen, mentaal bezit niet goed gebruiken, denkfouten maken; want het brein, functionerend volgens natuurlijke wetmatigheden, zou dat niet doen. Is denken een activiteit van onszelf, niet van ons brein, dan berust handelen op grond van inzicht uit denken gewonnen, op een keuze van onszelf.

Keuzevrijheid, hoe kan ze er zijn? Zij kan, evenmin als het denken, worden toegeschreven aan het stoffelijke brein. Toch ervaren we keuzevrijheid, we ervaren dat we die hebben. En het is ook precies de ervaring die haar mogelijk maakt. De ervaring, onstoffelijk (§ 15), is niet gebonden aan de wetmatigheden waaraan het brein is gebonden. Daarvan vrij, kan het subject handelen naar keuze; het heeft, hoe beperkt misschien ook, keuzevrijheid. Bij de mens is, dankzij zijn taalvermogen, de keuzevrijheid sterk tot ontwikkeling gekomen, zozeer dat hij voor zijn handelen verantwoordelijk kan worden gesteld.

De ervaring, zo is eerder gesteld, is geen product of functie van het brein (§ 15). Als product of functie van het brein zou zij behoren tot de stoffelijke bestaanswijze, in dit geval die van het leven, en zou zij aan de beperkingen daarvan onderworpen zijn; zij zou dan de keuzevrijheid niet begrijpelijk kunnen maken. Als onstoffelijke werkelijkheid, vrij van die beperkingen, kan zij het wel.

Excurs. De discussie over de keuzevrijheid kreeg in de jaren 80 van de vorige eeuw een nieuwe impuls door een experiment waarin proefpersonen werd gevraagd op een willekeurig gekozen moment een beweging uit te voeren. Het experiment liet bij de proefpersonen hersenactiviteit zien vóór het moment waarop zij besloten de handeling te verrichten. Vaak vindt men hierin het bewijs dat de 'vrije wil' niet bestaat. Laten we het experiment nader bekijken. De proefpersonen zelf waren ervan overtuigd dat zij de beweging waarom was gevraagd, uitvoerden overeenkomstig hun wil. Tegelijkertijd was de gevraagde beweging duidelijk geen gemotiveerde handeling. Er waren geen overwegingen waaruit volgde dat het *nu* het juiste moment ervoor was;

zulke overwegingen konden er logischerwijs ook niet zijn. Ten opzichte van het moment was de handeling willekeurig. Was zij als zodanig causaal bepaald? In dat geval zou moeten worden verklaard hoe de handeling, juist op dat moment, causaal tot stand kwam – wat tot dusver niet is gebeurd. Belangrijker nog: het is überhaupt onaannemelijk dat willekeurige handelingen causaal bepaald kunnen zijn. Causaal bepaald zijn *on*willekeurige handelingen. Als ook willekeurige handelingen het waren, zou er tussen de twee geen verschil zijn. Maar er is wel degelijk verschil: het bestaat hierin, dat onwillekeurige handelingen causaal bepaald zijn, terwijl aan willekeurige handelingen een ongemotiveerd wilsbesluit ten grondslag ligt. Hoe verklaren we nu de hersenactiviteit, het zogenoemde gereedheidspotentieel, dat aan fysieke handelingen voorafgaat en in het experiment ook vooraf bleek te gaan aan de beslissing om *nu* te bewegen? Ik denk dat proefpersonen met die activiteit onbewust op hun beslissing anticipeerden. Onbewuste anticipatie komt veel vaker voor; ze speelt een belangrijke rol in sportieve activiteiten.

17. Subject en waarde*

Wanneer in onze wereld ervaring wordt geboren en zich een innerlijk ontwikkelt, ontstaat de mogelijkheid van het ervaren van waarde. Het subject, bij mensen het ik, is voor het ervaren van de werkelijkheid waarin het leeft, afhankelijk van het zenuwstelsel. Dus is het gebonden aan ruimte en tijd. In die gebondenheid is het subject gescheiden van de grond van zijn bestaan. Maar beschouwen we het subject in zijn betrekking tot waarde, dan verandert het beeld.

Ervaring en waarde, beide potentieel besloten in de oorsprong (§ 6, 12), zijn beide ook onstoffelijke werkelijkheden. Ervaring, de bestaanswijze van het – menselijke of niet-menselijke – subject, is een strikt individuele werkelijkheid, die het subject in contact brengt met de werkelijkheid buiten zichzelf. Waarde wordt verwezenlijkt in de ervaring ervan en is daarom een uitsluitend relationele werkelijkheid: alleen in relatie tot het ervarende subject wordt ze verwezenlijkt. In het schepsel dat ervaring kent, komen allengs, zo zagen wij, meer vermogens tot ontwikkeling (§ 15); vermogens als aandacht en inzicht bewerken uitbreiding van de ervaring van waarde.

Omdat waarde er alleen is in de ervaring, is zij met een subject dat tot die ervaring in staat is, onlosmakelijk verbonden; het subject is drager ervan. Waarden die het subject, in het bijzonder de mens, ervaart als evident, zal het, daartoe eenmaal in staat, aanvaarden en erkennen; pas wanneer het zich verder gaat ontwikkelen, zou het zich ertegen kunnen verzetten. Maar ook al ontstaat verzet, de verbinding tussen subject en waarde blijft; voor de oorsprong in zijn tijdloosheid blijft het subject drager van

---

* In dit onderdeel wordt herhaaldelijk teruggegrepen op § 7 ('Waarde en zin') en § 15 ('Subject, ervaring, innerlijk, geest'). Verwijzingen naar die paragrafen laat ik daarom achterwege.

waarde. Waarde geeft het leven betekenis. Niet enkel dat: zij geeft het ook uitzicht. We gaan na hoe dit mogelijk is.

Heel het tijdruimtelijk bestaan heeft zijn basis in materie: levenloze materie is de basis van levende materie, levende materie is de basis van ervaring (§ 6). Ervaring, als onstoffelijke bestaanswijze, is logischerwijs het eindpunt. Als eerder opgemerkt, wekt de kosmische ontwikkeling de indruk dat zij op iets is gericht. Deze indruk vindt aanvulling en bevestiging in twee gegevens. Omdat namelijk (1) de ervaring het eindpunt van de ontwikkeling is en (2) in de ervaring waarde verwezenlijkt wordt, moet hetgeen waarop de ontwikkeling gericht is, waarde zijn: waarde zoals die wordt ervaren. Het subject dat haar in de ervaring verwezenlijkt, is dus in de kosmische ontwikkeling essentieel. Het zal als drager van waarde en zin niet teloorgaan. Het lichaam gaat bij het sterven teloor, het subject is onvergankelijk.

Hoe moeten we ons deze onvergankelijkheid voorstellen? Ten opzichte van de oorsprong zijn er geen verschillen in de zin van vroeger of later (§ 3). Het subject, geboren in de tijd, bestaat derhalve, gezien vanuit de tijd, al altijd in de oorsprong. Voor de waarde die het draagt, geldt hetzelfde. Het sterven van het schepsel als drager van waarde vermeerdert, gezien vanuit de tijd, de waarde en zin in de oorsprong. Maar in de oorsprong zelf is alle waarde en zin, verwezenlijkt in de tijd, tijdloos en volkomen.

18. Buiten ruimte en tijd

Op de grens van leven en dood komt de ervaring – vermoed ik – tot eenheid, zuiverheid, rust. Terwijl alles verstilt, emotie tot voelen, denken tot weten, herinnering tot verbondenheid, laat het subject ruimte, tijd, onwaarde en kwaad achter zich en vindt zich verenigd met de oorsprong. In een nu dat niet duurt, maar eenvoudig er is – zo stel ik mij voor – , ervaart het in verbondenheid met gestorvenen en nog levenden een volkomenheid van waarde. Wat zal die ervaring inhouden voor de mens? Ik denk: een volheid van liefde, vrede, schoonheid, klaarheid, geluk.

19. Samenvatting

Ruimte en tijd, naar hun aard dimensionaal, ontlenen hun bestaan aan de wereld als meetbare werkelijkheid (*dimensio*, 'afmeting'). Dit betekent dat het begin van de wereld ook het begin is van ruimte en tijd, en dat de wereld in één ondeelbaar punt is geboren uit een ruimte- en tijdloos oerbestaan. In het oerbestaan is de kosmos met alles wat hij bevat een potentiële werkelijkheid, en vanuit het oerbestaan is hij tot ontwikkeling gekomen. De kosmische ontwikkeling voltrekt zich in een opeenvolging van bestaanswijzen, en wel zo dat een gerealiseerde bestaanswijze de basis kan vormen voor een volgende wijze van bestaan. De energetisch-materiële ofwel stoffelijke bestaanswijze is de basis voor de bestaanswijze van het leven, het leven is de basis voor de bestaanswijze van de ervaring.

Het tijdruimtelijk bestaan heeft stoffelijke en onstoffelijke componenten. Een onstoffelijke component is waarde. Wat waarde heeft is, in de ruimste zin van het woord, goed en heeft zin. Waarde vertoont zich in een verscheidenheid van waarden. Er zijn waarden – bijvoorbeeld veiligheid en orde – die door mensen vrijwel gelijk worden ervaren. Voor de 'transcendente' waarden, waarheid, goedheid en schoonheid, geldt dat niet of veel minder. Toch is er een natuurlijk besef dat iets goed, waar of mooi *kan* zijn. Besef van iets hebben is zich bewust zijn van iets dat bestaat. Bij alle verschil van oordeel bestaan de 'transcendente' waarden dus werkelijk. Onder deze waarden neemt goedheid een bijzondere plaats in; veel handelen heeft immers een ethisch aspect. Natuurwetenschappers zoeken vaak de oorsprong van het ethisch besef in de overlevingsdrang. Een groep, stelt men, wordt in haar voortbestaan bedreigd als de leden ervan niet samenwerken, en de samenwerking is gebaat bij een goede onderlinge gezindheid en bereidheid elkaar te helpen. Echter, betekent dit dat de samenwerking, en dus uiteindelijk de overlevingsdrang, de oorsprong is van goede gezindheid en hulpvaardigheid? Zelf denk ik dat het ethisch goede niet een vrucht van de samenwerking is, maar de basis daarvan. In innerlijke zekerheid manifesteert dit goede zich ook als een zelfstandige waarde.

Verantwoording kan worden gevraagd waar keuzevrijheid is. De mogelijkheid van keuzevrijheid en verantwoording ligt besloten in de ervaring. Haar basis heeft de ervaring in de zintuigen en het zenuwstelsel, dus in een stoffelijke werkelijkheid, maar zelf is zij onstoffelijk; het subject van ervaring, met de ervaring één, is eveneens onstoffelijk. In de ervaring, vrij van de wetmatigheden van het stoffelijke, heeft het subject keuzevrijheid. Keuzevrijheid heeft pas zin als het subject in situaties waarin het moet kiezen, inzicht heeft. Het is goed denkbaar dat dieren die inzicht hebben, direct inzicht, al over een begin van deze vrijheid beschikken. De mens heeft niet alleen inzicht, maar is door zijn taalvermogen bovendien tot denken in staat. Het brein, schatkamer van herinneringen, kennis en vermogens, heeft in het denken een belangrijk aandeel, maar is in zijn stoffelijkheid aan natuurlijke beperkingen onderworpen. Het is het menselijk subject dat, in de onstoffelijkheid van de ervaring, vrij kan denken, vrij zijn inzicht kan volgen, en daardoor vrij kan beslissen.

De ontwikkeling van onze wereld voltrekt zich niet blind: zij vertoont integendeel gerichtheid. Dit doet vermoeden dat het bestaan niet zonder betekenis is, niet zonder zin. Iets heeft zin wanneer het van waarde is. Waarde, echte waarde, ligt potentieel besloten in de oorsprong en wordt verwezenlijkt in het – menselijke of niet-menselijke – subject dat waarde ervaart en, als het van nature daartoe in staat is, haar erkent en verkiest. Als zin ligt besloten in waarde, verwezenlijkt in levende schepselen, heeft het bestaan duidelijk zin. Maar hoe kan dan het kwaad er zijn? In onze tijdruimtelijke werkelijkheid, met haar begrenzingen en beperkingen, is het kwaad onvermijdelijk. Zinloos is het niet. Zonder het kwade kan het goede niet worden gekend en verwezenlijkt.

Sterft een levend wezen dat ervaring kent en drager is van waarde en zin, dan laat het als subject van ervaring ruimte, tijd, onwaarde en kwaad achter zich. In orde aan de tijd voorafgaand, vindt het zich, met het goede dat het verwezenlijkt heeft, verenigd met de oorsprong en ervaart, met gestorvenen en nog levenden verbonden, een volkomenheid van waarde en zin.

Naschrift

Dit verhaal is vanuit enkele losse aantekeningen in een reeks van jaren langzaam tot stand gekomen. Bij het uitwerken en verantwoorden van mijn zienswijze ben ik afhankelijk geweest van gegevens buiten mijn eigen, filologische vakgebied. Ik heb ze doorgaans uit de tweede hand; bronnen en namen van wetenschappers zijn daarom in de regel niet vermeld. Belangrijk was vooral de natuurwetenschappelijke informatie. Die leverde niet alleen essentiële gegevens, maar bevestigde ook een enkele keer mijn zienswijze – tot mijn verrassing.

Mijn vrouw, Mieke Heuzeveldt, dank ik voor de bereidheid zich in opeenvolgende versies van mijn verhaal te verdiepen. Haar oordeel heeft geleid tot duidelijker formuleringen en bondiger argumentatie; haar vragen stimuleerden mij te blijven zoeken toen ik het eindpunt dacht te hebben bereikt. Onze zoon, Elbert Booij, heeft de tekst beoordeeld vanuit specifieke, filosofische deskundigheid. Ik dank hem voor zijn bemoedigende reacties en waardevolle kritiek. Jacques Spaapen ben ik dankbaar voor zijn waarderend commentaar. Sommige notities daarin dwongen tot bezinning die mij verder heeft geholpen. De heer Bert Keizer, bereid gevonden zich in mijn betoog te verdiepen, heeft er in ruime mate aandacht aan gegeven. Zijn kritiek was voor mij een stimulans en ik ben hem erkentelijk. Clara Janssen dank ik voor haar spontane belangstelling en bemiddeling.

De auteur

Thijs Booij (1933) studeerde aan de Vrije Universiteit Amsterdam theologie – hoofdvak Oude Testament – en aan de Universiteit van Amsterdam Semitische taal- en letterkunde. Hij werkte in de Centrale Bibliotheek van de Vrije Universiteit als titelbeschrijver en als vakreferent, daarna in de Faculteit der Letteren als docent Hebreeuws en Aramees. Twee delen van een commentaar op het boek Psalmen (1994, 2009) staan op zijn naam. Daarnaast publiceerde hij in vaktijdschriften artikelen over Oudtestamentische onderwerpen, met als zwaartepunt de psalmen. Zijn interesse is filologisch. Ze is erop gericht de tekst te begrijpen in zijn oorspronkelijke betekenis en dieper door te dringen in de wereld achter de tekst.
De auteur woont in Amsterdam, is gehuwd, en heeft twee kinderen en vijf kleinkinderen.